MANEKINEKO JAPC

日本語のまねきねこ

MANEKINEKO JAPONAIS

日本語のまねきねこ

Méthode de japonais pour les collèges et lycées

Frédérique BARAZER
Agrégée de langue et culture japonaises
Lycée Ampère, Lyon

ISBN 2-7298-1502-3

© Ellipses Édition Marketing S.A., 2003
32, rue Bargue 75740 Paris cedex 15

Le Code de la propriété intellectuelle n'autorisant, aux termes de l'article L.122-5.2° et 3°a), d'une part, que les « copies ou reproductions strictement réservées à l'usage privé du copiste et non destinées à une utilisation collective », et d'autre part, que les analyses et les courtes citations dans un but d'exemple et d'illustration, « toute représentation ou reproduction intégrale ou partielle faite sans le consentement de l'auteur ou de ses ayants droit ou ayants cause est illicite » (Art. L.122-4). Cette représentation ou reproduction, par quelque procédé que ce soit constituerait une contrefaçon sanctionnée par les articles L. 335-2 et suivants du Code de la propriété intellectuelle.

www.editions-ellipses.fr

*A la mémoire de Monsieur Jean-Jacques ORIGAS
qui a tant œuvré pour que le japonais soit accessible
aux plus jeunes*

REMERCIEMENTS

Je tiens à adresser mes remerciements les plus sincères à :
Rieko SHIMIZU, Shûko MATSUI, pour leurs relectures
Annie-Claude MARTIN pour le dessin de la couverture
Kimiyo KOYANAGI, Sanae QUETARD, David VINCENT, Gérard MORAND, Eric BARRIOL, Annie CARNAT, Ambre DEYDIER pour les photographies et documents qu'ils m'ont fournis
Shuntarô TANIKAWA, Nanami SEKI pour l'autorisation qu'ils m'ont donnée de reproduire des extraits d'œuvres sur lesquelles ils détiennent les droits d'auteurs

Ouvrage publié avec le soutien
de la Fondation pour l'Enseignement de la Langue
et de la Civilisation Japonaises – Fondation de France

PREFACE

Le « MANEKINEKO » a été conçu sur le terrain, en classe, sur plusieurs années, pour tenter de remédier à l'absence de manuel destiné à enseigner le japonais aux élèves francophones des collèges et lycées. Il correspond à une première année d'apprentissage, à raison de 3 heures hebdomadaires de cours, voire à 4 trimestres à raison de 2.5 heures par semaine.

Du fait de sa destination première, il évoque la culture japonaise au travers de thèmes susceptibles d'intéresser des adolescents, et emploie des mots simples, autant que faire se peut, pour donner des explications claires et aisément compréhensibles pour un jeune public. Ces explications, qui schématisent certes la grammaire, forment le jeune apprenant à s'exprimer sur divers sujets qui le touchent, en lui présentant un certain nombre d'outils pour structurer de façon rigoureuse son discours en japonais. Le MANEKINEKO propose un jeu de construction, avec des pièces remplissant différentes fonctions, des instructions de montage, des modèles, des exercices d'assemblage, que l'apprenant pourra facilement extrapoler pour formuler sa pensée personnelle. C'est une première base sur laquelle il pourra s'appuyer pour aller plus loin ensuite.

Le parti est pris de ne pas du tout utiliser les caractères romains pour transcrire la langue, le japonais n'étant pas fait pour être écrit avec des caractères romains, et l'apprentissage de l'écriture étant une des conditions nécessaires pour progresser dans la langue.

Le premier syllabaire, les *hiragana*, doit donc être appris en tout premier lieu, de façon systématique et régulièrement contrôlée. On ne commencera le Texte 1 qu'une fois ce travail fait. Et on ne saurait trop recommander à l'enseignant d'essayer de développer le réflexe d'association <u>d'un caractère à un son</u>, en ne passant pas lui-même par la transcription en caractères romains, mais en travaillant beaucoup avec les oreilles, notamment sous forme de dictées de mots inconnus.

L'expérience prouve que cette étude préalable peut donner lieu à toutes sortes de jeux de mots, à une première approche du vocabulaire et à quelques notions d'esthétique et de culture japonaises. Cependant, afin de ne pas frustrer l'élève en retardant plus son entrée dans le vif de la langue, les mots devant être écrits en *katakana* sont transcrits, dans un premier temps, en *hiragana* surmontés d'un point : cela permet de garder une certaine fidélité au système phonétique japonais (notamment par l'absence de certains sons, ou le dédoublement de certains autres), mais en signalant malgré tout l'origine étrangère du mot, qu'on s'empressera de remettre en *katakana* dès qu'on connaîtra ces derniers.

La progression adoptée pour la présentation de la grammaire essaie de faire ressortir les aspects logiques de la langue, sans compliquer lorsque ce n'est pas nécessaire, mais sans tomber non plus dans le piège d'une langue artificielle. Les exercices proposés sont des entraînements à la construction automatique des formes apprises, mais aussi à leur utilisation dans des phrases, « en milieu réel ».

L'accent est mis sur la régularité des constructions verbales, sur ce que la structure de la langue japonaise apporte en « simplicité » par rapport au français, langue à conjugaisons compliquées. C'est, en quelque sorte, dans le but de faire apprécier à l'apprenant ce que la langue japonaise a de sympathique et de rassurant, pour contrebalancer la difficulté de l'écriture.

Le niveau de langue adoptée est celui d'une politesse « normale », utilisable en toute circonstance ; les tournures familières sont exclues, car le jeune japonisant risquerait de les utiliser mal à propos, et les formes raccourcies (ou élidées) comme じゃ pour では ou んです pour のです ne sont pas présentées car, ne devant pas être écrites, elles empêcheraient le jeune de s'exprimer correctement par écrit.

Il est bien évident qu'on ne saurait réduire la langue japonaise aux tournures présentées ici, mais il faut un début à tout, et la beauté du détail, la richesse de la nuance délicate, qui viennent ciseler la phrase raffinée, seront autant de trésors qui attendront notre apprenant dans la suite de son étude du japonais... il faut d'abord lui donner envie d'aller plus loin.

C'est à cela que le « MANEKINEKO » invite son jeune lecteur.

Les syllabaires japonais
Tableau des hiragana

あ a	い i	う u	え e	お o
か (が) ka(ga)	き (ぎ) ki (gi)	く (ぐ) ku (gu)	け (げ) ke (ge)	こ (ご) ko (go)
さ (ざ) sa (za)	し (じ) shi (ji)	す (ず) su (zu)	せ (ぜ) se (ze)	そ (ぞ) so (zo)
た (だ) ta (da)	ち chi	つ (づ) tsu (zu)	て (で) te (de)	と (ど) to (do)
な na	に ni	ぬ nu	ね ne	の no
は (ば) [ぱ] ha (ba) [pa]	ひ (び) [ぴ] hi (bi) [pi]	ふ (ぶ) [ぷ] fu (bu) [pu]	へ (べ) [ぺ] he (be) [pe]	ほ (ぼ) [ぽ] ho (bo) [po]
ま ma	み mi	む mu	め me	も mo
や ya		ゆ yu		よ yo
ら ra	り ri	る ru	れ re	ろ ro
わ wa				を wo
ん n				

Prononciation :
Le [u] se prononce « ou » comme dans « m**ou** », plus léger
Le [e] se prononce « é » comme dans « **é**p**é**e »
Le [sh] se prononce « ch » comme dans « **ch**at »
Le [ch] se prononce « tch » comme dans « **Tch**équie »
Le [h] est fortement aspiré
Le [r] est liquide, plus proche d'un « l » que d'un « r »

Les graphies composées

	や	ゆ	よ
き	きゃ kya	きゅ kyu	きょ kyo
ぎ	ぎゃ gya	ぎゅ gyu	ぎょ gyo
し	しゃ sha	しゅ shu	しょ sho
じ	じゃ ja	じゅ ju	じょ jo
ち	ちゃ cha	ちゅ chu	ちょ cho
に	にゃ nya	にゅ nyu	にょ nyo
ひ	ひゃ hya	ひゅ hyu	ひょ hyo
び	びゃ bya	びゅ byu	びょ byo
ぴ	ぴゃ pya	ぴゅ pyu	ぴょ pyo
み	みゃ mya	みゅ myu	みょ myo
り	りゃ rya	りゅ ryu	りょ ryo

Les や ゆ よ sont ecrits plus petits et décalés sur la partie inférieure de la ligne.
Le [g] se prononce « g » comme dans « **gag** »

Règles complémentaires d'écriture

- 1 - Les sons de consonnes doubles sont transcrits en utilisant un petit っ placé <u>devant</u> le kana qui comprend le son de consonne à redoubler.
    Ex :   ki<u>pp</u>u (le billet) → き<u>っぷ</u>
           ke<u>kk</u>on (le mariage) → け<u>っこ</u>ん
           ma<u>ssh</u>iro (tout blanc) → ま<u>っし</u>ろ
           ki<u>tte</u> (le timbre poste) → き<u>って</u>

- 2 - Lorsque le son de consonne est un [n] ou un [m], le redoublement de ce son de consonne se fait en plaçant un ん devant le kana comprenant le son à redoubler.
    Ex :   sa<u>nn</u>en (trois ans) → さ<u>んね</u>ん
           u<u>mm</u>ei (le destin) → う<u>んめ</u>い
           o<u>nn</u>a (une fille) → お<u>んな</u>

- 3 - La prolongation des sons de voyelle :
    → On transcrit la prolongation des sons [u] et [o] en les faisant suivre d'un う. Si on doit écrire en caractères romains, on met un petit trait ou un ^ sur le son à prolonger.
    Ex :   k<u>ô</u>en (le jardin publique) → こ<u>う</u>えん
           k<u>û</u>ki (l'air) → く<u>う</u>き
    Exceptions :   ôkii (grand) → おおきい
                    tôri (l'avenue) → とおり
                    tôi (lointain) → とおい ...

    → On peut considérer qu'on a affaire à une prolongation de sons quand [i] et [e] sont suivis d'un い (bien que la prononciation correcte sépare le [i] du son qui précède).
    Ex :   <u>ii</u>e (non) → <u>いい</u>え
           <u>ei</u>ga (le film) → <u>えい</u>が

Texte 1

こんにちは
わたし は せんせい です。
あなた は がくせい です。

→ あなた は がくせい です か。
→ はい、わたし は がくせい です。
→ いいえ、わたし は せんせい です。
→ しごと は なん です か。
→ わたし は いしゃ です。

わたし は にほんじん です。
あなた は ふらんすじん です。
やんぐさん は ちゅうごくじん です。
すみすさん は いぎりすじん です。

→ あなた は なにじん です か。
→ わたし は にほんじん です。

わたし は やまだ です。
あなた は まるたん です。

→ あなた は だれ です か。
→ わたし は べるじぇー です。

わたし の なまえ は たなか です。
あなた の なまえ は らんぐれー です。

→ あなた の なまえ は なん です か。
→ わたし の なまえ は ぷち です。

わたし の うち は なごやです。

あなた の おうち は りよんです。

→ あなた の おうち は どこですか。

→ わたし の うち は ぼるどーです。

こんにちは : bonjour
わたし : je, moi
せんせい : le professeur (honorifique), Maître
あなた : tu, vous
がくせい : l'étudiant, l'élève
はい : oui
いいえ : non
しごと : le travail, la profession
いしゃ : le médecin
にほん : le Japon
にほんじん : un(e) Japonais(e)
ふらんす : la France
ふらんすじん : un(e) Français(e)
ちゅうごく : la Chine

ちゅうごくじん : un(e) Chinois(e)
いぎりす : la Grande-Bretagne
いぎりすじん : un(e) Britannique
なまえ : le nom
うち : le foyer, le chez-soi, la maison

--さん : suffixe de politesse : monsieur, madame, mademoiselle...
だれ : qui ?
なにじん : de quelle nationalité ?
なん : quoi ? Que ?
どこ : où?

Vocabulaire Texte 1

L'élément verbal ou le mot verbal

1 – -です

です。 est un élément verbal, un peu unique en son genre dans la langue japonaise. Sa traduction en français varie selon le contexte : c'est, je suis, sujet + être, ... avoir dans certains cas (notamment pour l'âge).

Exemples :

- わたし は たなかです。 : **je suis** Tanaka → je **m'appelle** Tanaka.
- わたし は にほんじん**です**。 : **je suis** japonais
- (これ は)くるま**です**。 : **c'est** une voiture.
- たけおさん は 7さい (ななさい)**です**。 : Takeo **a** 7 ans.

Cette forme est, à l'origine, la contraction d'une forme plus longue : -であります. Cette forme développée nous servira ultérieurement pour construire des variantes de です, comme la forme négative, etc...

2 – **Les mots verbaux**

Les mots verbaux sont les équivalents des verbes français. Ils ont (entre autres) une forme terminée par : -ます.

Exemple : あります

La construction de cette forme en -ます sera abordée ultérieurement.

Pour l'instant il suffit de savoir que les formes en -です。 et en -ます。 sont :

1 - des formes **conclusives** (elles terminent la phrase et sont donc suivies d'un 。 .)
2 - des formes dites **polies** (il existe des formes neutres ou familières), **a-temporelles** (le temps du discours n'est pas clairement indiqué, il dépendra du contexte dans lequel on se situe.)

Les particules fonctionnelles - 1 -

Les <u>particules fonctionnelles</u> sont de petits "outils grammaticaux", <u>fixés juste après un</u> <u>mot</u> et qui servent à <u>indiquer le rôle de ce mot</u>

dans la phrase. Ils marquent la fonction grammaticale du mot : thème, sujet, objet, direction, etc...
Lors de la lecture, il ne faut jamais couper avant la particule fonctionnelle, mais toujours après. Dans un premier temps, les particules fonctionnelles seront mises en relief dans les textes par un encadrement, mais il faudra rapidement s'habituer à les reconnaître et à s'appuyer sur elles pour comprendre les textes, sans qu'il soit nécessaire de leur adjoindre une marque de reconnaissance particulière.

Il existe un certain nombre de particules fonctionnelles dont nous apprendrons à nous servir au fur et à mesure de notre progression dans l'apprentissage du japonais.

Pour l'instant, nous allons nous concentrer sur celles que nous rencontrons dès le début de notre étude (texte 1).

は indique que le mot qui précède est le thème de la phrase. Ce n'est pas nécessairement le sujet du mot verbal; il détermine plutôt le cadre dans lequel ce qui suit va se dérouler, le domaine dont on va parler. Le sens est différent de la simple indication grammaticale du sujet, puisqu'il n'indique pas une fonction grammaticale.
Dans un premier temps, pour bien insister sur cette notion de « thème », il sera possible de traduire l'ensemble nom + は par :
« en ce qui concerne + nom. », « pour ce qui est de + nom », même si cette traduction en français est lourde et manque d'élégance.
Exemple :
* いえ は ... en ce qui concerne la maison...

の indique une relation entre deux noms, le second étant le mot principal (le déterminé) et le premier donnant une précision sur le second (c'est le déterminant).
ATTENTION c'est une particule fonctionnelle très fréquemment utilisée en japonais, puisque ce qui correspond aux structures adverbe de lieu + nom (sur, devant, derrière etc...) ou adjectif possessif + nom (mon, ton, son, ..mes, tes ...+ nom) en français sera transcrit par la structure

Nom + の + nom de localisation ou **nom (personne)+ の + nom**
en japonais.

Exemples :

● いえの まえの はな… → les fleurs de devant la maison

● きの うえの ことり は すずめです。 → l'oiseau sur l'arbre c'est un moineau

● いえの まえの ねこ は わたしの ねこです。 → le chat devant la maison, c'est mon chat.

Comme on le voit dans les exemples, il peut y avoir plusieurs の (voire beaucoup...) dans une même phrase.
On abordera plus tard d'autres utilisations de の dans des schémas assez différents.

Les honorifiques

Le japonais est une langue où le vouvoiement n'existe pas dans le sens qu'il a dans nos langues occidentales. Cependant, il utilise beaucoup de petits mots qu'on peut appeler communément « honorifiques », dont la présence va indiquer le niveau de langue (plus ou moins poli).
Le premier que nous voyons ici est お. Il se place avant un mot pour indiquer un certain respect vis à vis de la chose désignée, ou du possesseur de la-dite chose.
おうち désigne la maison de l'interlocuteur, voire d'une autre personne envers laquelle on souhaite marquer une nuance de respect.

Il va de soi que l'honorifique ne peut absolument pas être employé associé à un objet qui appartient au sujet parlant, c'est-à-dire, à moi, puisque le respect ne se marque qu'à l'égard de personnes autres que soi-même.
Si on vous pose la question :

おうち は ひろいですか。 → **Votre** maison est-elle grande?

Il faudra répondre sans le お :

はい、うち は ひろいです。 → Oui, **ma** maison est grande.

On peut constater ici que le fait d'employer un honorifique est suffisant pour indiquer qu'il s'agit de la maison de l'interlocuteur, par

conséquent il n'est pas nécessaire dans ce cas d'utiliser de locution du style あなたのおうち pour insister sur le fait que le possesseur est VOUS.
On pourra demander à quelqu'un comment il s'appelle en ajoutant de même お avant le nom なまえ:
おなまえ は なんですか → Quel est **votre** nom?

Par contre, si le possesseur est une tierce personne envers laquelle on souhaite marquer du respect, il sera nécessaire de préciser ce possesseur.
   Exemple :
✿ たなかせんせい の おうち → la maison du Professeur Tanaka

☞ Le -さん qui se trouve à la fin des noms de personnes est lui aussi un honorifique. Attention de ne jamais l'utiliser pour soi-même!
やまださん désigne autant monsieur Yamada que Madame Yamada ou encore mademoiselle Yamada…ou encore Yamada.
あきこさん est ce que je dirai en m'adressant à Akiko pour lui parler, mais c'est aussi l'expression que j'utiliserai pour parler d'Akiko à quelqu'un.

☞   Le japonais n'aime pas beaucoup les pronoms. On peut utiliser あなた pour désigner l'interlocuteur, mais si on connaît le nom de l'interlocuteur, le japonais préférera utiliser le nom de l'interlocuteur suivi de さん, comme si on s'adressait à lui à la troisième personne.
✿やまださん は にほんじんですか。 →   M. Yamada, <u>vous</u> êtes Japonais ?
✿たなかさん の おうち は りよんですか。 → Vous habitez à Lyon, M.Tanaka ?

C'est le contexte, la situation, qui permettra de savoir si je parle avec M.Yamada directement, ou si je parle avec quelqu'un d'autre au sujet de M. Yamada.

Exercices -1-

① Ecrire en hiragana les mots japonais suivants (que nous utilisons en français aussi !) le ^ indique une voyelle longue.

Kimono - mikado - Meiji - yakuza - sushi - tenpura - Hitachi - Mitsubishi - wasabi - San.yô - jûdô - karaoke - Tôkyô - Kyôto - Sapporo - Nagano - Okinawa - samurai - Ryûkyû - Ôsaka - kendô - manga

② Répondre aux questions suivantes en utilisant les éléments donnés
ex：あなた**の**なまえ**は**やまださんですか。→ わたし、やまもと
　　→→ いいえ、わたし**の**なまえ**は**やまもとです。

1 あなた**の**いえですか。→ わたし、いえ
2 あなた**の**ねこですか。→ あね、ねこ
3 あに**の**くるまですか。→ ちち、くるま
4 ちち**の**ほんですか。→ はは、のーと
5 はは**の**はさみですか。→ いもうと、はさみ
6 たなかさん**の**じてんしゃですか。→ あおきさん、ばいく
7 わたし**の**いぬですか。→ やまださん、ねこ
8 せんせい**の**えんぴつですか。→ がくせい、ぼーるぺん
9 がくせい**の**かばんですか。→ ちち、かばん
10 にほんじん**の**なまえですか。→ ちゅうごくじん、なまえ

③ Répondre en japonais aux questions en utilisant l'élément entre parenthèses
おうち**は**どこですか。　　　（→ Japon）わたしのうちはにほんです。
おなまえ**は**なんですか。　　（→ Suzuki）わたしはすずきです。
おしごと**は**なんですか。　　（→ professeur）わたしはせんせいです。
だれですか。　　（→ mon professeur）わたしのせんせいです。
せんせい**は**なにじんですか。　（→ Chinois）せんせいは

④ Traduire en japonais
Le professeur des élèves est japonais. Il est de Sendai.
Le médecin s'appelle Alan Makino. Il est Américain. Il est de Chicago.
Etes-vous monsieur Maeda ? → Non, je m'appelle Satô.
Etes-vous étudiant du professeur Hirano ? → Non, ma profession, c'est médecin.

Les questions du まねきねこ

1. あなた**は**ふらんすじんですか。
2. やんぐさん**は**にほんじんですか。
3. すみすさん**は**なにじんですか。
4. あなた**の**なまえ**は**まるたんですか。
5. あなた**の**なまえ**は**なんですか。
6. たなかさん**の**おうち**は**りよんですか。
7. あなた**の**おうち**は**どこですか。
8. あなた**は**せんせいですか。
9. あなた**の**せんせい**の**なまえ**は**たなかですか。
10. やんぐ**は**にほんじん**の**なまえですか。

いえ : la maison
ねこ : le chat
あに : le grand frère
あね : la grande sœur
くるま : la voiture
ちち : mon père
ほん : le livre
はは : ma mère
の－と : le cahier
はさみ : les ciseaux
いもうと : la petite sœur
じてんしゃ : le vélo
ばいく : le vélomoteur
いぬ : le chien
えんぴつ : le crayon
ぼ－るぺん : le stylo à bille
かばん : le cartable, la serviette

Texte 2 くるま

きょうはにちようびです。やすみです。**いい**おてんきです。
ゆうじさんとじゅんさんはくるまがすきです。
ゆうじさんのいえのまえにくるまがあります。

ゆうじ　　それはやまだせんせいのくるまですか。

じゅん　　いいえ、これはやまだせんせいのくるま
　　　　　ではありません。

ゆうじ　　やまだせんせいのくるまは**ちいさい**です。
　　　　　そして**ふるい**です。
　　　　　このくるまは**おおきい**です。
　　　　　そして、**あたらしいくるま**です。

じゅん　　そうですか。その**しろいくるま**はだれの
　　　　　くるまですか。
　　　　　がくちょうせんせいのくるまですか。

ゆうじ　　はい、そう**です**。
　　　　　がくちょうせんせいの**あたらしいくるま**です。

Vocabulaire Texte 2

くるま : la voiture, le véhicule
きょう : aujourd'hui
にちようび : dimanche
やすみ : le congé, les vacances ; la pause YASUMI
てんき : le temps (qu'il fait)
いえ : la maison (bâtiment)

まえ : devant (spatial), avant (temporel)
がくちょう : le directeur d'école GAKUCHŌ
(が)すき + です : aimer (qch ou qn) SUKI DESU

いい : bon
ちいさい : petit
ふるい : vieux FURUi
おおきい : grand ŌSAi
あたらしい : nouveau, neuf ATARASHI
あかい : rouge AKAi

これ / それ / あれ / どれ
ceci / cela   lequel ? laquelle ?

と = et

が =

に =

Fiche Grammaire -2-

Les particules fonctionnelles - 2 -

と peut être utilisée dans différentes structures avec des significations variées. L'emploi que nous voyons maintenant est le plus simple. と indique alors une relation entre deux <u>noms</u> qui forment une énumération exhaustive, c'est-à-dire complète. En français, on le traduit alors par ET.

Exemple :

● じゅんさん と ゆうじさん は にほんじんです。 → Jun et Yûji sont japonais.

Notons que l'ensemble formé par les deux noms reliés par と (じゅんさん と ゆうじさん) se comporte alors comme un seul et même nom : le は porte sur l'ensemble constitué par les deux noms.

De même

じゅんさん と ゆうじさん の じてんしゃ

signifie : ⟶ vélo

le vélo de Jun et de Yûji.

が indique que le mot qui précède est le sujet grammatical du verbe de la proposition, dans le sens japonais de la construction de la phrase et de la rection des verbes.

💣 Il faut <u>toujours se référer à ce qui sert à exprimer le verbe en japonais</u>, en dehors de toute traduction littérale du français.

Exemple :

J'aime les fleurs : en français   sujet : j'
                                    verbe : aimer
                                    C.O.D. : les fleurs

                en japonais   thème : わたし は

                                    sujet : はな が

                         qualificatif invariable + です : (すき)です

→ わたし は はな が すきです。

に indique plusieurs fonctions un peu différentes selon le type de mot qu'il suit, mais il met toujours en relation un premier mot dont le statut est variable (nom, base verbale...) et un second qui est souvent un mot verbal.

Pour le moment, nous le connaissons comme particule de la localisation d'un objet ou d'un être vivant quand il n'y a pas de mouvement. Il nous permet de savoir où se trouve l'objet/l'être.

Exemple :

❀ き が にわ に あります。 → l'arbre est **dans** le jardin.

arimasu.　　にわ = jardin

La négation

L'élément verbal -です étant à l'origine la contraction de la forme -で あります, la négation de -です sera construite à partir de cette forme.

Enoncé affirmatif : くるま<u>です</u>。 → c'est une voiture.
Enoncé négatif : くるま**ではありません**。 → ce n'est pas une voiture.

Notons que la négation en japonais ne fait pas varier uniquement les mots verbaux. Une certaine catégorie de mots qualificatifs (les qualificatifs variables) prend elle aussi la marque de la négation, ainsi que nous allons le voir maintenant.

Les mots qualificatifs ou qualificatifs (m.q.) - 1 -

Il existe deux catégories de <u>mots qualificatifs</u> (en abrégé : m.q., qu'on appellera ainsi et non adjectifs qualificatifs, car ils ne fonctionnent pas comme les adjectifs français ou de autres langues européennes) : les qualificatifs variables et les qualificatifs invariables.

<u>Les mots qualificatifs variables</u>
Ils sont dits variables car ils peuvent prendre plusieurs formes, exactement comme on décline un verbe; ils ont notamment une forme négative propre, une forme perfective (passée) et d'autres formes plus complexes proches des formes verbales ... et inexistantes en français.

- A - Les qualificatifs variables ont une forme de base toujours terminée par un -い. C'est la forme qu'on trouvera dans le dictionnaire :
exemples :
- おいしい → bon (au goût)
- おおきい → grand
- あおい → bleu
- はやい → rapide

☞ On peut les placer avant le mot déterminé / qualifié (fonction déterminante, ce qui en français correspond à une fonction d'épithète) :
> おおきいくるまです。→ c'est une grande voiture

ou après le mot déterminé (ce qui correspond à la fonstion d'attribut en français) :
> くるまはおおきいです。→ la voiture est grande

- B - Les qualificatifs variables ont une <u>forme négative propre</u>. Elle se construit en remplaçant le -い terminal par -くありません。. La forme résultante est une forme <u>polie conclusive</u>, comme c'est le cas pour le mot verbal. Donc **cette forme négative n'est pas utilisable en fonction déterminante du nom**, mais uniquement lorsque le mot qualificatif vient après le nom déterminé.

☞ Fonction déterminante (placé avant le mot déterminé) :
- おおきいくるまです。→ c'est une grande voiture.
- おおきいくるまではありません。→ ce n'est pas une grande voiture.

☞ Fonction conclusive (placé après le mot déterminé) :
- くるまはおおきいです。→ la voiture est grande.
- くるまはおおきくありません。→ la voiture n'est pas grande.

Le -です。qui suivait le qualificatif disparaît au profit d'une nouvelle forme conclusive, construite directement sur le qualificatif :
> -くありません。.

💧 pour いい, la forme négative est よくありません.

Il existe également une forme neutre de cette négation. Nous l'étudierons un peu plus tard avec ses différentes applications, lorsque nous verrons les formes neutres verbales. (F.G. 8)

Les démonstratifs

- 1 - この et その   sont des démonstratifs. Ils sont reliés directement au nom qui suit, le の qu'ils comprennent jouant le rôle de la particule fonctionnelle.

 この désigne ce qui est proche (que ce soit physiquement ou sentimentalement) du sujet parlant, par rapport à その qui désigne ce qui est proche de l'interlocuteur.
De ce fait une question posée avec その à l'interlocuteur va entraîner une réponse avec この de la part de ce dernier. Et vice et versa.
   Exemple :
● そのくるま は あたらしいですか。

→ はい、このくるま は あたらしいです。

Cette voiture (près de vous, ou bien qui vous appartient) est-elle neuve?

→ Oui, cette voiture-ci est neuve.

 その reprend également ce qui vient d'être énoncé.
   Exemple :
● ひろいいえです。そのいえ の まえ に き が あります。
C'est une vaste maison. Devant cette maison il y a des arbres.

- 2 - Il existe une autre catégorie de démonstratifs, qui sont suivis d'une particule fonctionnelle et qui peuvent à peu près correspondre aux pronoms démonstratifs français. Ce sont ceux de la série これ
 それ .

La différence entre これ et それ est du même ordre que la différence existant entre この et その : これ désigne quelque chose qui est physiquement ou sentimentalement proche du sujet parlant, alors que

それ désigne quelque chose qui est proche de l'interlocuteur. On trouvera également, comme pour その, la valeur particulière de それ pour reprendre ce dont on vient de parler.
Exemple:
* これはりんごです。 → C'est une pomme (près de moi)
* それはねこです。 → Près de vous là, c'est un chat.

Les jours de la semaine

Les mots désignant les jours de la semaine sont tous terminés par un même élément qui signifie « jour » : 曜日 qui se lit ようび
Le début de chaque mot est un kanji qui représente un élément de la nature (ou une planète comme en français) et dont on prend la lecture dite « chinoise » ou « sino-japonaise ».

élément	kanji	lecture	jour	français
Lune	月	げつ	げつようび	Lundi
Feu	火	か	かようび	Mardi
Eau	水	すい	すいようび	Mercredi
Arbre/bois	木	もく	もくようび	Jeudi
Or/métal	金	きん	きんようび	Vendredi
Terre	土	ど	どようび	Samedi
Soleil	日	にち	にちようび	dimanche

La question : « Quel jour ... ? » se forme à partir de l'interrogatif なに qui devient なん et vient se placer avant le mot ようび :
→ なんようび.
* なんようびにうちにきますか。 → Quel jour viens-tu chez moi ?
* きょうはなんようびですか。 → Quel jour est-ce aujourd'hui ?

Même si pour le moment il n'est pas nécessaire de savoir écrire chacun des kanji, il est bon malgré tout de les retenir de vue pour être capable de les reconnaître et de lire la date : c'est beaucoup plus court en kanji qu'en hiragana!

① Répondre à la question en utilisant le mot donné entre parenthèses.
Attention : réécrire à chaque fois la question et la réponse en entier
(exercice d'écriture et de mémorisation de la main)

これはなんですか。　　　→ くるま　これはくるまです。
　　　　　　　　　　　　→ じてんしゃ　これはじてんしゃです。
　　　　　　　　　　　　→ いえ　これはいえです。
　　　　　　　　　　　　→ りんご (pomme)　これはりんごです。
　　　　　　　　　　　　→ さかな (poisson)　これはさかなです。
　　　　　　　　　　　　→ いぬ　これはいぬです。
　　　　　　　　　　　　→ ねこ　これはねこです。

② Répondre à la question avec les éléments donnés. Même consigne de réécriture que pour l'exercice ①.

いえのまえになにがありますか。　→ くるま
　　　　　　　　　　　　　　　　→ き (arbre)
　　　　　　　　　　　　　　　　→ ばいく
　　　　　　　　　　　　　　　　→ がっこう
　　　　　　　　　　　　　　　　→ みち (chemin, route)
　　　　　　　　　　　　　　　　→ はな (fleur)

③ Reprendre tous les noms des deux premiers exercices et leur associer les qualificatifs qui peuvent convenir parmi les suivants.

Construire alors les questions sur le modèle mn は mq ですか。 et la réponse adéquate.

あたらしい → ふるい　　ながい → みじかい　　ひろい → せまい
おおきい → ちいさい　　たかい → やすい　　　しろい → くろい
　　　　　　　　　　　　　　　↘ ひくい　　　　　　　↘ あかい

④ Pratique de この (proche de moi qui parle) et その (proche de mon interlocuteur)
ATTENTION au changement de sujet et de possessif !!!

1. このくるまはあなたのくるまですか。→ はい...
2. このいえはやまださんのいえですか。→ はい、
3. そのほんはせんせいのほんですか。→ はい、
4. このしゅくだいはがくせいのしゅくだいですか。→ はい、
5. そのけしごむはたなかさんのけしごむですか。→ はい、

6. そのことば(langue, langage)はにほんごですか。→ いいえ、ちゅうごくご
7. そのなまえはあなたのいぬのなまえですか。→ はい、

⑤ Pratique de これ et それ ATTENTION au changement de sujet et de possessif !!!
Ex : これはほんですか。 → はい、それはほんです。

1. これはあなたのくるまですか。→ はい...
2. これはやまださんのいえですか。→ はい、
3. それはあなたのえんぴつですか。→ はい、
4. それはわたしのほんですか。→ はい、
5. これはあなたのしゅくだいですか。→ はい、

⑥ Traduire en japonais
1. C'est ma voiture. Elle est blanche. Elle est neuve.
2. Ce vélo (là à côté de moi) n'est pas mon vélo. C'est le vélo de Yûji. Il est noir. C'est un vieux vélo.
3. Ce n'est pas la maison du professeur. C'est la maison de Monsieur Iwamoto. Elle est vaste. C'est une maison neuve. Il y a de hauts arbres devant la maison.

Les questions du まねきねこ

1. きょうはげつようびですか。
2. いいおてんきですか。
3. ゆうじさんとじゅんさんはなにがすきですか。
4. しろいくるまはどこにありますか。
5. それはやまだせんせいのくるまですか。
6. やまだせんせいのくるまはあたらしいくるまですか。
7. だれのくるまがおおきいですか。
8. ゆうじさんのいえのまえのくるまはだれのくるまですか。
9. あなたはあかいくるまがすきですか。
10. あなたはなにがすきですか。

Les syllabaires japonais
Tableau des katakana

ア	イ	ウ	エ	オ
a	i	u	e	o
カ	キ	ク	ケ	コ
ka	ki	ku	ke	ko
サ	シ	ス	セ	ソ
sa	shi	su	se	so
タ	チ	ツ	テ	ト
ta	chi	tsu	te	to
ナ	ニ	ヌ	ネ	ノ
na	ni	nu	ne	no
ハ	ヒ	フ	ヘ	ホ
ha	hi	fu	he	ho
マ	ミ	ム	メ	モ
ma	mi	mu	me	mo
ヤ		ユ		ヨ
ya		yu		yo
ラ	リ	ル	レ	ロ
ra	ri	ru	re	ro
ワ				ヲ
wa				wo
ン				
n				

Toutes les combinaisons graphiques et phonétiques valables pour les hiragana sont également valables pour les katakana.

Règles d'orthographe particulières à l'emploi des katakana

On l'a vu, les katakana servent (entre autres) à transcrire en japonais les mots d'origine étrangère. Le système phonétique du japonais étant très limité (on a toujours une suite consonne + voyelle, avec juste quelques redoublements de consonnes, et des voyelles simples), il y a beaucoup de mots étrangers, notamment des noms géographiques, qui ne pourront pas être transcrits fidèlement, si on s'en tient aux sons des hiragana. Les Japonais ont donc adopté un certain nombre de règles de transcription en katakana pour reproduire des sons non japonais qui soient un peu plus proches des sons existants dans les langues étrangères.

→ Les sons prolongés sont indiqués par une barre qui suit le katakana dans le sens de l'écriture : スーツ　プ
　　　　　　　　　　　　　　　　　　　　　　　　｜
　　　　　　　　　　　　　　　　　　　　　　　　ル

→ Le son [v] est transcrit dans la langue contemporaine par le ウ suivi d'un *nigori* et des petits katakana ァ ィ ェ ォ pour donner naissance aux sons
ヴァ ヴィ ヴ ヴェ ヴォ : ヴァイオリン　ヴィオラ　ヴァレリ .

→ Le son [w] qui n'existe traditionnellement que pour [wa] est transcrit par un ウ suivi d'un petit katakana ィ ェ ォ pour donner les sons :
ウィ ウェ ウォ : ウィーン　スウェーデン　ウォークマン

→ Le son [je] est transcrit en ajoutant à la série ジャ ジュ ジョ la combinaison ジェ : ジェットコースター ; et [she] devient シェ

→ De même, le son [tche] est transcrit par la combinaison チェ :
　チェロ

→ Le son [f] qui n'existe en hiragana que pour [fu], est transcrit en adjoignant un petit ァ ィ ェ ォ au katakana フ : ファ、フィ、フェ フォ
ファイル　フィギュア　フェア　フォーク

→ Le son [tou] est transcrit par トゥ, [ti] par ティ, [di] par ディ, [dou] par ドゥ, [du] par デュ : トゥルーズ、ミルクティー, デュモン

はるとなつとあきとふゆはきせつです

ゆうじさんのにわに木があります。はなもあります。ことりもいます。ゆうじさんのにわはうつくしいです。ゆうじさんはにわがすきです。しぜんがすきです。

はるです。
木のえだにみどりのはっぱがあります。
かわいいはなもたくさんあります。あたたかいです。
がっこうがはじまります。

なつです。
あたたかくありません。
あついです。
むしがいます。たくさんいます。
やすみです。

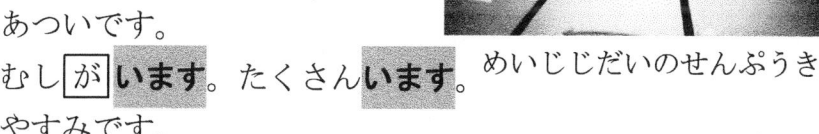
めいじじだいのせんぷうき

いちょうのはともみじ

あきです。
もうあつくありません。
たいふうがきます。あとは
いいおてんきです。
しけんがあります。木の
はっぱのいろがかわります。

ふゆです。
さむいです。しかしいいおてんきです。
ときどきゆきがふります。スキーができます。

Vocabulaire –3–

はる : le printemps
なつ : l'été
あき : l'automne
ふゆ : l'hiver
きせつ : la saison
にわ : le jardin
なか : l'intérieur → dans
木 き : l'arbre
はな : la fleur
ことり : le petit oiseau
しぜん : la Nature
えだ : la branche
みどり : le vert (couleur)→ vert (adj)
はっぱ : la feuille (d'un arbre)
がっこう : l'école
むし : l'insecte
やすみ : le congé, la pause, les vacances
たいふう : le typhon
おてんき : le temps (qu'il fait)
しけん : l'examen, le contrôle
いろ : la couleur
ゆき : la neige
スキー : le ski
いちょう : le gingko (arbre)
めいじじだい : l'époque Meiji (1868-1912)
せんぷうき : le ventilateur
もみじ : l'érable japonais

ある : se trouver, être ; il y a (pour des choses)
いる : se trouver, être ; il y a (pour des êtres vivants)
(が)すきです : aimer
はじまる : commencer (v.intransitif)
くる : venir
かわる : changer (v. intransitif)
ふる : tomber (pour les précipitations: pluie, neige etc...)
できる : pouvoir faire, être capable de

うつくしい : beau
かわいい : joli, mignon
あたたかい : chaud, doux (agréable)
あつい : chaud (étouffant → désagréable)
いい : bon (au sens de juste, pas de bon au goût)
さむい : froid (impression de froid : il fait froid, j'ai froid)

たくさん : beaucoup de
しかし : mais
ときどき : de temps en temps, parfois

もう + négation : ne ... plus

Les mots verbaux ou verbes - 2 -

Nous avons vu un premier verbe sous la forme あります. Dans le texte 3, nous en voyons apparaître d'autres, toujours avec la même terminaison en -ます : います　はじまります　きます　かわります　ふります　できます.

Tous ces verbes sont donc à la forme polie, conclusive et a-temporelle que nous avons vue à la Fiche Grammaire -1-, page 8.

On ne pourra pas les trouver sous cette forme dans un dictionnaire, car il s'agit d'une forme « conjuguée ». Si nous voulons pouvoir chercher un verbe dans le dictionnaire, il nous faut d'abord comprendre comment sont fabriquées les formes polies conclusives a-temporelles, et surtout saisir à partir de quoi elles sont construites.

La forme de base du verbe, forme non « conjuguée » qui pourra être considérée comme un équivalent de l'infinitif en français, est dite « **forme du dictionnaire** » ou « **forme neutre a-temporelle** ».

☞ Quelques points importants sur les verbes japonais

Il existe en japonais deux groupes de verbes : les verbes dits « yodan » et les verbes dits « ichidan » ... plus quelques exceptions, peu nombreuses.

- 1- Les mots verbaux « yodan »

Les verbes « yodan » sont appelés ainsi car la dernière syllabe de leur radical peut varier et prendre 4 formes différentes, en plus de celle qu'ils ont à la forme neutre (en japonais, « yodan » signifie « 4 degrés », « 4 étapes »), qu'on appelle **des bases**. A partir de chaque base on pourra construire des formes verbales différentes.

Dans la liste des verbes (nous écrirons maintenant « mv » pour abréger) du texte 3,
はじまります　かわります　ふります　いきます
sont des mv "yodan".

Leur forme neutre est respectivement

はじま[る]　かわ[る]　ふ[る]　い[く]

On voit qu'entre leur forme neutre et leur forme polie, l'articulation se fait autour du dernier kana de la forme neutre. Là où il y avait un [る] (ou un [く]), on trouve un [り] (ou un [き]) sur lequel est accrochée la terminaison -ます.

Fiche Grammaire -3-

Si on se remémore le syllabaire vu au tout début de l'année

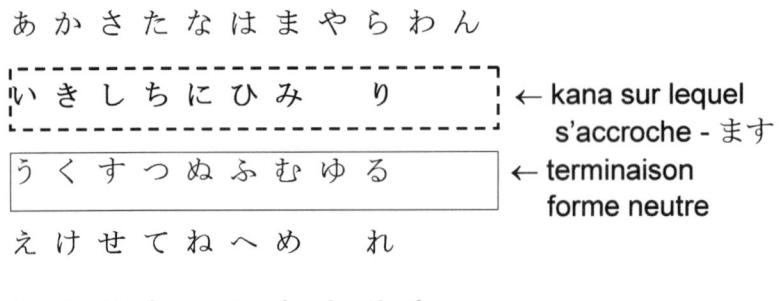

On constate que le dernier kana de la forme neutre est situé dans la ligne des « う » (encadrée en noir), et que le kana sur lequel est accroché la terminaison -ます, lui, fait partie de la ligne juste au-dessus, celle des « い » (encadrée en pointillés).

Ce sera la règle de construction de la forme polie pour tous les mv « yodan » : à partir de la forme neutre (toujours terminée par un kana de la ligne des « う » mais sans se limiter à « る »), qui sera dorénavant donnée à chaque fois que nous étudierons un nouveau mv, on garde telle quelle la partie du mv qui est avant le dernier kana; on remonte d'une ligne dans le syllabaire pour avoir le kana correspondant en « い » ; on accroche enfin la terminaison -ます. Cette base sur laquelle on accroche -ます pour fabriquer la forme polie, a-temporelle, conclusive, est appelée **base connective** (ou base ren-yô en japonais) car **elle sert à connecter** quelque chose : elle ne sera donc jamais toute seule devant un « 。 ».

```
mv (forme neutre) → dernier kana passe dans la ligne des « い »
                  → ajouter la terminaison -ます
```

- 2- Les mots verbaux « ichidan »

Les mots verbaux « ichidan » sont appelés ainsi parce qu'ils n'ont qu'une seule forme sur laquelle se connectent toutes les terminaisons. (« ichidan » signifie : un degré, une étape) Ce qui signifie que toutes les bases ont le même aspect, et donc que toutes les formes verbales seront construites à partir d'un élément à la morphologie invariable.

Dans le texte 3, les verbes « ichidan » sont
います　できます

les formes neutres correspondantes sont
いる　できる

Contrairement à ce qui se passait pour les mv « yodan », il n'y a pas de « transformation » du dernier kana de la forme neutre (**qui est toujours る**), on le supprime tout simplement et à sa place on met la terminaison -ます.

> mv (forme neutre) → suppression du る
> → on met -ます à la place

Notons une autre particularité des mv « ichidan ». Outre le る terminal de la forme neutre, le kana situé avant le る est toujours un son en [i] ou en [e], c'est à dire un kana de la ligne des « え » ou de celle des « い ».

◆ Tous les mv dont la forme neutre est en [e]る ou en [i]る ne sont pas nécessairement des mv de la catégorie « ichidan ».
La différence se voit très clairement lorsqu'on construit la forme en -ます, puisqu'un mv « ichidan » sera terminé en -[e]ます ou en [i]ます, alors qu'un mv « yodan » sera terminé par -[e]ります ou -[i]ります.
De ce fait, il est très important d'apprendre la forme en -ます d'un mv en même temps que sa forme neutre.
Exemple :
* きる → きります (*yodan*) signifie « couper »
* きる → きます (*ichidan*) signifie « mettre un vêtement ».

- 3- Les exceptions
Il y a très peu d'exceptions en japonais, il suffit de les retenir par cœur.

> する → します (faire)　　くる → きます (venir)

Les particules fonctionnelles - 3 -

| も | peut avoir diverses significations, mais ici il indique qu'un élément ajouté au nom qui précède も subit la même situation ou exécute la même action. On le traduira par « aussi » en français, lorsque la phrase est affirmative, et par « non plus » si la phrase est négative.

Exemples

* わたし の じてんしゃ は あかいです。
  → mon vélo est rouge.

  わたし の くるま も あかいです。
  → ma voiture aussi est rouge.

* じゅんさん の えんぴつ は おおきくありません。
  → le crayon de Jun n'est pas grand.

  ゆうじさん の えんぴつ も おおきくありません。
  → le crayon de Yûji non plus n'est pas grand.

Les mois

Les noms des mois en japonais correspondent en fait à leur numéro dans l'année : janvier : mois n°1 etc... Il suffit donc de savoir compter jusqu'à douze!
On indique ici les kanji juste à titre d'information, ils seront à retenir un peu plus tard dans l'année.

Janvier	いちがつ	一月
Février	にがつ	二月
Mars	さんがつ	三月
Avril	しがつ	四月
Mai	ごがつ	五月
Juin	ろくがつ	六月
Juillet	しちがつ	七月
Août	はちがつ	八月
Septembre	くがつ	九月
Octobre	じゅうがつ	十月
Novembre	じゅういちがつ	十一月
Décembre	じゅうにがつ	十二月

La question : « Quel mois... ? » se forme à partir de l'interrogatif なん qui est suivi de がつ : なんがつ + particule appropriée

* クリスマス は なんがつですか。 → C'est quel mois, Noël ?

* がっこう は なんがつ に はじまりますか。 → L'école commence en quel mois ?

① Compléter chaque vide par la particule fonctionnelle appropriée.

じゅん□いえ□まえ□みち□あります。このみち□がっこう□みちです。
じゅん□がっこう□おおきいです。そのがっこう□がくせい□たくさんいます。せんせい□たくさんです。じゅんさん□まいにちがっこう□います。フランス□がっこう□まいにちではありません。あなた□なんようび□がっこう□ありますか。にちようび□ありますか。いいえ、にちようび□すいようび□ごご□どようび□ごご□がっこう□ありません。

② Trouver ce que signifient les mots en katakana suivants
ニューヨーク ・ パリ ・ アイスクリーム ・ メロン ・ ジュース ・ ブーツ ・ ロンドン ・ カナダ ・ ローマ ・ ヨーグルト ・ ディスコ ・ カメラ ・ パイナップル ・ ヨーロッパ ・ ストラスブール ・

③ Transcrire en katakana les mots suivants :
Soft (logiciel) – Egypte – computer – salade (sarada) – tomate (tomato) – patin (skate) – ski – Italie (Italia) – Brésil (Brasil) – Euro - spaghetti

④ Donner la forme neutre des verbes suivants. Les verbes suivis d'un ① sont des ichidan. Les autres sont bien sûr des yodan .... ou des exceptions.
きます① ・ あゆみます ・ かえります ・ かさねます① ・ かきます ・ まぜます① ・ ひえます① ・ さめます① ・ きます ・ えらびます ・ あります ・ たちます ・ おくります ・ きります ・ さきます ・ みえます① ・ ききます ・ たのみます ・ さします ・

⑤ Donner la forme polie des verbes suivants
ならべる① ・ おく ・ ぬぐ ・ たる ・ もむ ・ こねる① ・ かつ ・ うつす ・ やく ・ える① ・ あう ・ しぬ ・ およぐ ・ する ・ いく ・ みる① ・ きこえる① ・ はしる ・ うむ ・ かえる① ・

⑥   Traduire en japonais

Jun a un vélo neuf. Il est bleu. Il est grand.
Jun est au Japon. L'hiver, il fait froid. Mais il ne pleut pas. Jun n'aime pas la pluie. Il n'aime pas non plus les insectes. L'hiver à Paris il pleut beaucoup. Il ne fait pas beau. Parfois il neige; mais on ne peut pas faire de ski.

Les questions du まねきねこ

1. ゆうじさん**の**にわ**の**なか**に**なに**が**ありますか。
2. ゆうじさん**は**にわ**が**すきですか。
3. はる**は**なんがつ**に**はじまりますか。
4. はる**の**てんき**は**いいですか。
5. なに**が**はるにはじまりますか。
6. 日本**の**なつ**は**あたたかいですか。
7. 日本**の**なつ**は**むし**が**いますか。
8. 日本**の**あき**の**てんき**は**どうですか。。
9. フランス**の**しけん**は**あきですか。いつですか。
10. 日本**の**ふゆ**は**あついですか。
11. あなた**の**ちほう**の**ふゆ**は**どうですか。
12. あなた**は**なんようび**に**がっこう**に**きますか。

どうですか : comment est-ce ?
ちほう : la région

日本のがっこう： しょうがっこう

四月にはるがきます。きれいなさくらがさきます。日本のがっこうがはじまります。
しょうがっこうの子どもたちはランドセルをせおいます。

おんなの子はあかいランドセルです。
おとこの子はくろいランドセルです。
きいろのぼうしをかぶります。
しかしふくはふつうの
ものをきます。

きんじょの子どもたちがあつまります。
そして、いっしょにがっこうにいきます。
お母さんたちはうちにのこります。

がっこうのまえに、ちいさなはたがあります。
きいろのはたです。子どもたちははたをとります。
そしてみちをわたります。
はたをみちのむこうのはこのなかにいれます。
かえりみちのためです。
がっこうはまいにちあります。
しかしごごはやくおわります。

日本のがっこう： ちゅうがっこう

ちゅうがっこうは 12 さいからです。
ちゅうがくせいはせいふくをきます。
おとこの子のせいふくはくろいです。
ぼうしをかぶります。

おんなの子のせいふくは
こんいろ、あるいはくろの
セーラーふくです。

ランドセルはもうありません。
ちゅうがくせいはくろいかばんをもちます。
がっこうのあとはおおくのちゅうがくせいがクラブにいきます。
クラブでいろいろなスポーツをします。しゃしんやまんがのクラブもあります。
そしてじゅくにいきます。

ちゅうがくせいのせいかつは
たいへんです。

Vocabulaire –4–

しょうがっこう : l'école primaire
さくら : le cerisier
子ども　こども : l'enfant
子どもたち : les enfants
ランドセル : le cartable (porté sur le dos)
おんな : la fille
おんなの子 : la petite fille
おとこ : le garçon
おとこの子 : le petit garçon
きいろ : le jaune
ぼうし : le chapeau
ふつう : ce qui est normal
ふく : le vêtement
きんじょ : le quartier
お母さん　おかあさん : la mère
. . . たち : indicatif du pluriel
うち : la maison (foyer)
まえ : le devant
はた : le drapeau
みち : le chemin, la rue
むこう : l'autre côté
はこ : la boîte
かえりみち : le chemin du retour
ごご : l'après-midi
ちゅうがっこう : le collège
ちゅうがくせい : le collégien
せいふく : l'uniforme
こんいろ : le bleu marine
セーラーふく : le costume marin
かばん : le cartable, la serviette
クラブ : le club
スポーツ : le sport
しゃしん : la photographie
まんが : la bande dessinée
じゅく : l'école parallèle (en plus des cours «normaux»)

せいかつ : la vie (en tant qu'ensemble d'activités)
さく : fleurir
せおう : mettre sur le dos
かぶる : mettre sur la tête
きる ① : mettre un vêtement
あつまる : se réunir
いく : aller
のこる : rester
とる : prendre
わたる : traverser
いれる ① : mettre dans
おわる : finir, se terminer (v. intr)
もつ : avoir dans la main
する : faire (sens vague, pas fabriquer)
きれい(な) : joli ; propre, ordonné
あかい : rouge
くろい : noir
きいろ(の) : jaune (adj)
ふつう(の) : commun, ordinaire,
ちいさ(な) : petit (sens subjectif)
はやい : rapide ; précoce
おおく(の) : beaucoup de (pour choses dénombrables)
いろいろ(な) : toutes sortes de, divers, varié
たいへん(な) : terrible
そして : ensuite
(と)いっしょ(に) : avec
(の)ため : pour
まいにち : chaque jour, tous les jours, quotidiennement
はやく : rapidement ; tôt
あるいは : ou bien
あと : après

Les particules fonctionnelles - 4 -

を suit un nom et indique que celui-ci est le complément d'objet du verbe de la proposition.
Exemple :
● じゅんさんはケーキをたべます → Jun mange le gâteau
● かおりさんはぼうしをかぶります → Kaori met un chapeau

に (2) Nous avons déjà vu la particule fonctionnelle に, indiquant la localisation d'un être ou d'un objet. Ici nous avons une deuxième utilisation, où に sert à désigner le lieu où l'on va (c'est l'aboutissement d'un déplacement, le point d'impact du mouvement). Dans ce cas に est utilisé avec un mot verbal non statique : mouvement, déplacement d'êtres ou d'objets.
Exemples :
● 子どもはがっこうにいきます。 → Les enfants vont **à** l'école.
● えんぴつをポケットにいれます。 → je mets le crayon **dans** ma poche.

から est un peu plus longue que les autres particules fonctionnelles qui tiennent en un seul caractère. On pourra rencontrer plusieurs sortes de から dans la suite du cours. Ici から indique le point de départ dans le temps (depuis + notion de temps) ou dans l'espace (à partir de / depuis + notion de lieu).
Exemples :
● じゅんさんはにほんからきます。 → Jun vient **du** Japon
● がっこうは四月からはじまります。 → L'école commence **à partir d'**avril
● ニコラさんは 12 さいからにほんにいます。 → Nicolas est au Japon **depuis** l'âge de 12 ans

や est à comparer avec と (fiche grammaire -2- p16). Par rapport à と qui indique une énumération exhaustive, complète, や lui indique une énumération qui n'est pas complète, c'est-à-dire qu'elle donne plutôt des exemples de possibilités. On pourra traduire や par « et », mais on pourra également simplement marquer des virgules entre les mots suivis de や et, en bout d'énumération, ajouter « entre autres » ou bien « etc ». Le dernier mot de cette énumération incomplète est suivi non pas de や mais de la particule fonctionnelle requise par le verbe qui suit. On intercale éventuellement など entre ce dernier noms de l'énumération et la particule.

Exemples:
● にわにき や はな が あります。
→ Dans le jardin, il y a des arbres, des fleurs ... (et ce n'est pas tout)
● クラブで子どもたちはテニス や やきゅう など を します。
→ Au club, les enfants font du tennis, du base-ball etc...

で (1) Tout comme に, で aura plusieurs utilisations possibles, que nous découvrirons au fil du cours. La première utilisation que nous voyons aujourd'hui est à rapprocher de l'utilisation de に (1er sens : localisation), en ce sens que で, également, sert à indiquer une localisation, MAIS c'est le <u>lieu où se déroule une action</u> qui est ainsi signalé. Le mot verbal de la phrase sera donc un verbe d'action (alors que pour に, dans ce cas, le verbe était statique).
Donc, en face d'une phrase où il y a indication d'un lieu, toujours se poser la question de savoir si c'est une action qui est exprimée par le mot verbal (⇒で), ou si c'est simplement l'existence, la présence d'un être ou d'un objet (⇒ に).

Exemples :
● がっこう で 日本ごをべんきょうします
　　　　→ J'apprends le japonais à l'école.
● じゅんさんはクラブ で じゅうどうをします
　　　　→ Jun fait du judo au club.

MAIS ⎡ がっこう に います → je suis à l'école
　　　⎣ じゅんさんはクラブ に います → Jun est au club

37

Les mots qualificatifs - 2 -

<u>Les qualificatifs invariables</u>
Ils sont dits invariables parce que leur aspect reste inchangé quelle que soit la fonction du qualificatif dans la phrase. Ils ont en permanence la forme qu'on leur trouve dans le dictionnaire.
Exemples :
- しずか → calme
- ゆうめい → célèbre
- たいへん → terrible
- きれい → joli; propre, ordonné

On vient de le voir dans la liste ci-dessus : certains mots de qualité invariables ont un い terminal. Mais en fait ce n'est que le い de prolongation du え qui précède. On verra plus tard que, si on écrit ces mots de qualité en kanji, le い fait partie d'un kanji et n'est absolument pas un élément ajouté à la fin. Ainsi les <u>mots qualificatifs terminés par [e]い sont invariables</u>.
De même きらい (contraire de すき → détester) est invariable.

Par contre, suivant la fonction qu'aura le mot de qualité invariable dans la phrase, il faudra lui adjoindre un « petit quelque chose » qui permettra de s'y retrouver.

- A - Le qualificatif invariable peut être utilisé en fonction déterminante. Il faut alors ajouter **-な** entre le mot de qualité et le nom qu'il précise.
- しずか**な**にわです。 → C'est un jardin calme
- きれい**な**いえがあります。 → Il y a une jolie maison

Alors qu'en fonction conclusive, il est utilisé tel quel :
- このせんせいはゆうめいです。 → ce professeur est célèbre
- このこはたいへんです。 → cet enfant est terrible

       rien ne vient s'intercaler

- B - La forme négative du qualificatif invariable se forme comme s'il s'agissait d'un nom : c'est le verbe qui porte la marque de la négation.
Exemples :
- たなかさんはゆうめいではありません。
                     → Monsieur Tanaka n'est pas célèbre
- そのはなはきれいではありません。 → Cette fleur n'est pas jolie

☞ Cas particulier de certaines couleurs
En français, un certain nombre de couleurs sont en fait uniquement des noms, qui sont à l'occasion utilisés comme des qualificatifs: marron, orange etc.
En japonais également, on trouve le même genre de problème pour certaines couleurs: vert→みどり　jaune→きいろ　gris→はいいろ etc.
→ En fonction conclusive, il n'y a pas de problème : rien ne vient s'intercaler entre le mot indiquant la couleur et l'élément verbal.
❀ La robe de Kaori est jaune → かおりさんのドレスはきいろです。

◐ Pour « jaune » la forme きいろい (qualificatif variable existe aussi)

→ Si on met ce mot de couleur avant le nom précisé, soit en fonction déterminante, on retrouve la construction mot déterminant + mot déterminé classique, avec la particule fonctionnelle の pour relier l'un à l'autre.
❀ Chez Akiko il y a un chat gris
→ あき子さんのうちに<u>はいいろの</u>ねこがいます。
　　　　　　　　　　couleur grise

◐ Certains qualificatifs variables ont également une forme invariable; ils sont rares, mais deux cas sont très courants :
<u>petit ちいさい → ちいさ</u>　et　<u>grand おおきい → おおき</u>
Il est à noter que la forme invariable est toujours utilisée en fonction déterminante et jamais en fonction conclusive
Une petite maison → ちいさ**な**いえ　un grand arbre→ おおき**な**木

Les deux formes variables et invariables ne sont pas strictement synonymes, dans le sens que l'utilisation du mot de qualité sous sa forme variable donne une impression d'objectivité
❀ おおき**い**いえです。→ c'est une grande maison (elle fait 200m², c'est *objectif*, tout spectateur aura la même appréciation)

❀ おおき**な**木です。→ c'est un grand arbre (il ne fait que 2m de haut, mais c'est celui sous lequel je me réfugiais quand j'étais un petit enfant, alors *pour moi* il est grand; l'appréciation est *subjective*)

La forme adverbiale du qualificatif
En français, on peut transformer un adjectif qualificatif en adverbe simplement en ajoutant « -ment » à la fin : lent → lentement

Fiche Grammaire -4-

En japonais, nous aurons deux manières de faire, suivant que le qualificatif du départ est variable ou invariable.

Cas des qualificatifs variables
On remplace le い terminal par un く, et on obtient l'adverbe correspondant (qui est suivi d'un verbe).
Exemple :
- je fais un petit gâteau → ちいさいケーキをつくります。
- je fais un gâteau <u>en petit</u> → ケーキを<u>ちいさく</u>つくります。

Cas des qualificatifs invariables
Après le qualificatif invariable on ajoute に avant le verbe.
Exemples :
- la rivière est calme → かわはしずかです。
- la rivière coule <u>calmement</u> → かわは<u>しずかに</u>ながれます。

La date

L'ordre dans lequel on dit la date en japonais est exactement <u>l'inverse</u> de l'ordre du français : Année, mois, jour dans le mois, jour de la semaine. Pour l'instant avant de nous lancer dans les grands nombres qui permettront de dire l'année, nous allons tout d'abord voir comment on indique le jour du mois (le quantième), puisque nous avons déjà vu comment dire les jours de la semaine (FG -2- p20) et les noms des mois (FG -3- p30).

Les dix premiers jours du mois se disent en adoptant une lecture japonaise des kanjis (avec quelques variantes cependant)

le premier	一日	ついたち
le 2	二日	ふつか
le 3	三日	みっか
le 4	四日	よっか
le 5	五日	いつか
le 6	六日	むいか
le 7	七日	なのか
le 8	八日	ようか
le 9	九日	ここのか
le 10	十日	とおか

Exceptions
le 14	十四日	じゅう<u>よっか</u>
le 20	二十日	<u>はつか</u>
le 24	二十四日	にじゅう<u>よっか</u>

Les autres jours correspondent aux lectures sino-japonaises des kanji, soient :

le 11	十一日 ジュウイチニチ	le 21	二十一日 ニジュウイチニチ
le 12	十二日 ジュウニニチ	le 22	二十二日 ニジュウニニチ
le 13	十三日 ジュウサンニチ	le 23	二十三日 ニジュウサンニチ
le 15	十五日 ジュウゴニチ	le 25	二十五日 ニジュウゴニチ
le 16	十六日 ジュウロクニチ	le 26	二十六日 ニジュウロクニチ
le 17	十七日 ジュウシチニチ	le 27	二十七日 ニジュウシチニチ
le 18	十八日 ジュウハチニチ	le 28	二十八日 ニジュウハチニチ
le 19	十九日 ジュウクニチ	le 29	二十九日 ニジュウクニチ
le 30	三十日 サンジュウニチ	le 31	三十一日 サンジュウイチニチ

☞ A partir de cela on peut construire un nouvel interrogatif, qui correspond à : Quel jour ?
On prend le なん de なんですか。 et on y joint le mot にち pour former なんにち.
Quel jour est-ce ? se traduira donc par : なんにちですか。
Pour demander la date, on dira :
きょうはなんがつ、なんにちですか。

☞ Pour demander la date de naissance de quelqu'un, il existe un moyen simple. On mettra うまれ après なんにち (ou なんがつ、なんにち) :
あなたはなんがつ、なんにち うまれですか。 →De quel mois et quel jour es-tu ?
Réponse : わたしは６月６日 うまれです。 → Je suis du 6 juin.
Où うまれ qui vient du verbe うまれる (naître) signifie à peu près « natif du ».

L'âge

Pour dire l'âge, on utilisera un suffixe qui indiquera le nombre d'années.
Il s'agit de さい.

1 an	一才 イッサイ	6 ans	六才 ロクサイ
2 ans	二才 ニサイ	7 ans	七才 ナナサイ
3 ans	三才 サンサイ	8 ans	八才 ハッサイ
4 ans	四才 ヨンサイ	9 ans	九才 キュウサイ
5 ans	五才 ゴサイ	10 ans	十才 ジュッサイ

Fiche Grammaire -4-

11 ans 十一才 ジュウイッサイ
12 ans 十二才 ジュウニサイ
13 ans 十三才 ジュウサンサイ
14 ans 十四才 ジュウヨンサイ
15 ans 十五才 ジュウゴサイ
etc...

16 ans 十六才 ジュウロクサイ
17 ans 十七才 ジュウナナサイ
18 ans 十八才 ジュウハッサイ
19 ans 十九才 ジュウキュウサイ
20 ans **二十才 ハタチ**

Lorsqu'il s'agira de poser une question concernant l'âge (**Quel âge as-tu? Depuis quel âge es-tu en France? A quel âge l'école se termine-t-elle?**....) on formera l'interrogation avec le なん de なんですか auquel on ajoutera さい (année pour l'âge), soit なんさい.

● **Quel âge** as-tu? → あなたはなんさいですか。

● Depuis **quel âge** es-tu en France?

→ なんさい から フランスにいますか。

● A **quel âge** l'école se termine-t-elle? → がっこうはなんさい に

おわりますか。

Quand on demande son âge à quelqu'un, notamment à quelqu'un de plus âgé que soi, il existe une forme plus polie qui est :

おいくつですか → わたし は じゅうよんさいです

Exercices -4-

① Ecrire les dates suivantes en katakana
29 janvier - 18 avril - 14 aout - 1er juin - 31 mars - 3 mai - 20 octobre - 19 septembre - 10 décembre - 24 novembre - 2 juillet - 8 février

② Compléter avec la bonne particule fonctionnelle, puis traduire en français.

- a - きょう☐じゅんさん☐おたんじょうび*です。13さいです。パーティ☐します。おともだち**☐たくさんよびます***。そしてお母さん☐おりょうり****☐たくさんつくります*****。もちろん******ケーキ☐つくります。

* anniversaire ; ** amis ; *** appeler→inviter ; **** cuisine, plats ; ***** faire, fabriquer ; ******bien sûr

- b - しょうがっこう☐子どもたち☐きいろ☐はた☐とります。そして、みち☐わたります。しょうがくせい☐がっこう☐はやくおわります。

③ Choisir le qualificatif approprié dans la liste et le placer en fonction déterminante dans la phrase. (là où il y a un X)
たいへん ・ あかい ・ きれい ・ ちいさい ・ きいろ ・ いろいろ ・ おおい ・ こんいろ ・ おおきい ・ せまい ・ あたらしい ・ ひろい

じゅんさんは X ひとです。じゅんさんは X うちがあります。 X です。にわに X はながあります。X はながあります。X はなもあります。X いけがあります。いけのなかに X さかながいます。しゃこのなかにおとうさんの X くるまがあります。X くるまです。X くるまです。いえのまえに X みちがあります。

いけ: *étang, mare* さかな: *poisson* しゃこ: *garage* お父さん: *père*

④ Traduire en japonais
Quand commencent les vacances ? Elles commencent le 20 février.
Quel jour commence l'école ? Elle commence le 8 mars. C'est un lundi.
Quel mois et quel jour sont nés Jun et Yûji ? Jun est du 24 avril. Yûji est du 1er septembre.
Quel âge a Jun ? Il a 13 ans.
Est-ce que Yûji aussi a 13 ans ? Non, il n'a pas 13 ans. Il a 14 ans.

Exercices -4-

Les questions du まねきねこ

1. 日本のがっこうはいつはじまりますか。
2. しょうがっこうの子どもたちはなにをせおいますか。なにいろですか。
3. しょうがっこうの子どもたちはなにをかぶりますか。
4. 日本のしょうがっこうの子どもたちはお母さんといっしょにがっこうにいきますか。
5. 日本のがっこうのまえになにがありますか。フランスのがっこうのまえにもありますか。
6. 日本のちゅうがっこうの子どもたちはふつうのふくをきますか。
7. 日本のちゅうがっこうはなんさいからですか。
8. ちゅうがくせいはランドセルをもちますか。
9. がっこうのあとはなにがありますか。
10. あなたのがっこうにクラブがありますか。なんのクラブですか。
11. 日本のちゅうがくせいのせいかつはどうですか。
12. フランスのちゅうがくせいのせいかつはどうですか。

四月のえんそく

四月になりました。
日本の四月ははるです。あたたかくなりました。さくらのはなもきれいにさきます。

きのうは月よう日でした。じゅんさんのいもうとのがっこうの子どもたちがえんそくに行きました。さむくありませんでした。あめもふりませんでした。
あさはやく、バスががっこうのまえにきました。先生がせいとをよびました。「おべんとうはちゃんとありますか。ぼうしもありますか」。
そして子どもたちをバスにのせました。
バスはちかくのうみまではしりました。とおくありませんでした。そして、そこでいろいろなかいやいしなどをたくさんあつめました。小さいさかなやえびもいました。
おひるにおべんとうをいっしょにたのしくたべました。ごごの四時半にバスががっこうのまえにとまりました。そして子どもたちはかいやいしなどをきょうしつまではこびました。
先生にあいさつをしました。
「先生、さようなら。今日はありがとうございました。」
そして、みんなはおうちにかえりました。いそがしい一日でした。しかし、たのしい一日でした。たいくつしませんでした。

45

Vocabulaire -5-

えんそく : l'excursion
きのう : hier
月よう日 : lundi
いもうと : la petite sœur
子どもたち : les enfants
あめ : la pluie
あさ : le matin
バス : le bus
せいと : l'élève
おひる : le midi
おべんとう : le pique-nique (boulettes de riz, etc, dans une boîte à pique-nique)
ちかく : la proximité
うみ : la mer
かい : le coquillage
さかな : le poisson
えび ; la crevette
いし : la pierre
ごご : après-midi
四時　よじ : 4 heures
四時半　よじはん : 4 heures et demie
きょうしつ : la salle de classe
あいさつ : les salutations
ありがとうございます : merci
ありがとうございました : merci (pour quelque chose qui a été fait)
みんな : tous
一日　いちにち : une journée
たいくつ : l'ennui

なる : devenir, indique une évolution
さく : fleurir
いく ; aller
ふる : pleuvoir
よぶ : appeler
のせる(1) : faire monter
はしる (4) : courir ; pour un véhicule : rouler
あつめる (1) : réunir, ramasser
たべる (1) : manger
とまる : s'arrêter
はこぶ : transporter
する : faire
あいさつをする : saluer
かえる (4): rentrer chez soi

きれいに : joliment, gracieusement
あたたかくなる : devenir tiède ; se réchauffer
ちゃんと : bien, vraiment
いっしょに : ensemble
たのしくたべる : manger agréablement

小さい　ちいさい : petit
きれい(な) : joli
いろいろ(な) : toutes sortes de, varié
いそがしい : occupé, affairé
たのしい : agréable

から : depuis, à partir de
まで : jusqu'à

Les mots verbaux ou verbes - 3 -

La forme perfective

Nous avons déjà appris à fabriquer et à utiliser la forme dite polie, conclusive a-temporelle des verbes.

En français, nous utilisons plusieurs temps du passé pour exprimer les actions déjà terminées, qui se sont déroulées à un instant antérieur au moment présent. En japonais, ce n'est pas un temps à proprement dit, mais un aspect : ce qui compte, plus que le temps passé, ou le moment, c'est que l'action est accomplie. On appelle l'expression de cet aspect « forme perfective ».

- 1 - Principe de construction

Pour la forme affirmative, à partir de la forme polie, a-temporelle, on remplace le -ます par -ました.

いきます → いきました
たべます → たべました

Pour -です, la forme perfective est -でした.

Pour la forme négative, à partir de la forme négative polie, a-temporelle, on se contente d'ajouter でした à la fin.

いきません → いきませんでした
たべません → たべませんでした

ではありません → ではありませんでした

- 2 - Utilisation

La forme perfective est utilisée tout d'abord pour exprimer toute action accomplie.

☞ Si on remercie pour une <u>action en cours</u> (par exemple : je reçois un cadeau pour mon anniversaire) on utilise la forme a-temporelle ありがとうございます.

Si on remercie pour une action déjà effectuée, achevée à l'instant auquel on s'exprime (par exemple : j'ai été invité à une soirée, et je quitte maintenant cette soirée après m'y être bien amusé) on utilise la forme perfective ありがとうございました.

Fiche Grammaire -5-

🔹 De même, lorsqu'on signifie à l'interlocuteur qu'on a compris, deux cas se présentent:
→ On acquiesce en cours de conversation comme on dirait en français "oui, oui, je comprends" dans ce cas c'est la forme a-temporelle qui est utilisée : わかり**ます**
→ Si, par contre, une fois que l'interlocuteur a terminé son explication ou son exposé, on veut lui dire qu'on a compris ce qu'il a dit, on utilisera la forme perfective, puisque l'action de comprendre correspond à un énoncé déjà terminé : わかり**ました**
→ C'est également à la forme perfective qu'on demandera à l'interlocuteur s'il a bien compris ce qu'on vient de lui dire.
● Le professeur à la fin de son explication demande à ses élèves : わかり**ました**か
Réponse des élèves : はい、わかり**ました**
　　　　　　　　　ou bien いいえ、わかり**ませんでした**

🔹 On utilisera également la forme perfective pour exprimer une <u>action située dans le passé</u>, bien que ce ne soit pas là un emploi systématique : en effet, la forme a-temporelle, si elle est suffisamment située dans le temps par le contexte, peut exprimer une notion de passé.
● きのう、レストランにいき**ました**。いいおてんき**でした**。
→ Hier, je suis allé au restaurant. Il faisait beau.

Les mots qualificatifs - 3 -

- 1 - <u>La forme perfective</u>
Nous avons vu que les qualificatifs en japonais n'ont pas la même fonction dans la phrase qu'en français et qu'ils avaient une forme négative propre (alors qu'en français la négation se forme autour du verbe).
Pour la forme perfective on va voir le même phénomène : le qualificatif, en l'occurrence le <u>qualificatif variable</u> a sa forme perfective propre.

- A -   La forme perfective négative (polie) du <u>qualificatif variable</u>
Sa construction est simple, elle est calquée sur la forme perfective négative du verbe:
à la forme négative a-temporelle en -くありません on ajoute でした.
● Exemple : おおきい → おおきく**ありません**
　　　　　　 → おおきく**ありませんでした**

💣 Tout comme pour la forme négative que nous avons vue, la forme en -くありませんでした est une forme <u>conclusive</u> qui ne peut donc pas être utilisée en fonction déterminante (placée avant le mot que le qualificatif précise). La forme perfective <u>neutre</u>, utilisable devant un nom, sera vue à la leçon 8.

- B -   La forme perfective négative du <u>qualificatif invariable</u>
Elle est calquée sur la forme perfective de la locution négative
nom + ではありません,
et donc elle est constituée par l'adjonction de -でした à la suite de la forme négative que nous connaissons déjà.
* Exemple : しずかです   → しずかでは**ありません**
                → しずかでは**ありません**でした

- 2 -   <u>La forme adverbiale du mot qualificatif</u>
Le mot qualificatif peut qualifier non plus un nom mais un verbe. Il devient alors un adverbe.

- A -   Pour les mots qualificatifs variables, le –い final va se transformer en –く, puis viendra le verbe.
* はや**い** : rapide   → はや**く** : rapidement, vite
    バスがはや**く**はしります。 : le bus roule vite
* たのし**い** : agréable   → たのし**く** : agréablement
    子どもたちがたのし**く**たべます。 : les enfants mangent
                                                     agréablement.

💣 Exception : いい devient   よく   (qu'on avait déjà dans よくありません)

- B -   Pour les mots qualificatifs invariables, on ajoute la particule に à la suite du mot qualificatif.
* きれい : joli →   きれい**に** : joliment
    おはながきれい**に**さきます。 : les fleurs s'épanouissent
                                                     joliment .
* しずか : calme →   しずか**に** : calmement
    先生がしずか**に**はなします。 : le professeur parle
                                                     calmement.

☞ <u>Cas particulier</u> : le mot qualificatif utilisé avec なる (= devenir)
Quand le verbe なる suit le mot qualificatif, on obtient l'idée d'une évolution vers un état défini par le mot qualificatif.

* おおきい : grand → おおき**く**なる : devenir grand → grandir
* あかい : rouge → あか**く**なる : rougir
* ふるい : vieux → ふる**く**なる : vieillir
* しずか : calme → しずか**に**なる : se calmer
* ゆうめい : célèbre → ゆうめい**に**なる : devenir célèbre

Les particules fonctionnelles - 5 -

まで est à mettre en parallèle avec から. En effet, là où から indiquait la provenance, le point d'origine (dans l'espace ou dans le temps), まで indique le point d'aboutissement, la borne (aussi bien dans l'espace que dans le temps) **jusqu'à** laquelle le mouvement, ou l'action se déroule.
Exemples :
* じゅんさんはがっこう**まで**あるきます。
  → Jun marche **jusqu'à** l'école.
* ゆうじさんは火よう日**まで**うちにのこります。
  → Yûji reste à la maison **jusqu'à** mardi.
* やすみは木よう日**から**月よう日**まで**です。
  → Les vacances sont **de** jeudi **à** lundi

L'heure

Les questions de base pour demander l'heure sont composées d'un élément invariable qui est l'interrogatif : 何時 = なんじ : quelle heure ? Cet élément sera ensuite éventuellement suivi d'une particule fonctionnelle pour préciser l'orientation de la question :
→ 何時に : **à** quelle heure ?
→ 何時から : **à partir de** quelle heure ?
→ 何時まで : **jusqu'à** quelle heure ?

Ou bien tout simplement d'un élément verbal
→ 何時ですか : quelle heure **est-il** ?

Les réponses à ces différentes questions vont reprendre la particule fonctionnelle de la question, mais l'élément interrogatif 何時 sera remplacé par l'énoncé de l'heure, soit :

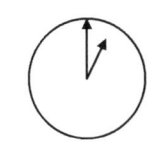

一時です
イチジ
il est 1 heure

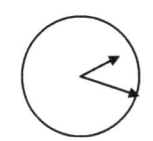

二時二十分までいる
ニジニジュップン
je suis là jusqu'à 2H20

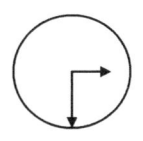

三時半にかえる
サンジハン
je rentre à 3H30

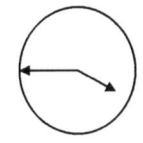

四時四十五分からいく
ヨジヨンジュウゴフン
ou
五時十五分まえから
ゴジジュウゴフンまえ
j'y vais à partir de 16H45

Remarque

Les Japonais utilisent de préférence le système de deux fois 12 heures, c'est-à-dire qu'ils diront plus facilement 11 heures du soir que 23 heures. Il faut donc retenir le petit élément qui va permettre de préciser « du matin » ou « du soir ».

11 heures **あさの**十一時 → le matin

23 heures **よるの**十一時 → la nuit

5 heures **あさの**五時

17 heures **ごごの**五時 → l'après-midi

Exercices - 5

① Donner la forme polie a-temporelle affirmative, puis les formes polies perfectives affirmative et négative des verbes suivants.
なる　いく　なれる① (s'habituer)　たべる①　ねむる (dormir)
よぶ　くる　みる① (regarder)　きく (écouter)　する

② En utilisant le sujet, le complément circonstanciel et le verbe donnés, faire des phrases sur le modèle :
il est à l'école <u>de</u> 8h <u>à</u> 14h. Indiquer la lecture des heures en katakana entre parenthèse après les avoir écrites en kanji (dans la mesure du possible)
まり子　うち　いる　11:00 → 16:15
ゆうじ　プール(piscine)　およぐ(nager)　17:30 → 19:10
子どもたち　がっこう　べんきょうする (étudier)　9:05 → 13:45
じゅんさんのいもうと　うみ　のこる　10:00 → 15:20
バス　がっこうのまえ　まつ (attendre)　7:50 → 8:40

③ Faire évoluer la phrase en tenant compte de l'élément donné.
1 てんきがいいです。　→　あしたから、
2 このレストランはおいしいです。→　去年(きょねん)から、
3 でんしゃがべんりです。→　1月から、
4 パンやのみせがあたらしいです。→月よう日から、
5 先生がびょうきです。　→　けさから、
6 日本語(にほんご)はたのしいです。→　4月から、
7 すうがくがたいへんです。→　ことしから、
8 ともだちがしんせつです。　→　やすみのときから

④ Traduire en japonais
A - Aujourd'hui, Mariko va en excursion. Sa maman met un pique-nique dans son petit sac à dos : il y a des onigiri, une pomme, une banane, un yaourt et du thé. Il ne fait pas froid. Il fait beau. Mariko réunit son chapeau, son pull et son sac à dos. Puis elle va à l'école. "Merci pour le pique-nique, Maman!"
mettre(dans) : (に)いれる①　sac à dos : リュックサック
yaourt: ヨーグルト　pull: セーター

B - Il est six heures. Masao se lève. Il fait froid. De 7h à 7h30 il mange son petit-déjeuner. Il va à l'école à 7h40. Il est à l'école de 8h10 à 15h25. A 16h10, il va à la piscine. Il y reste jusqu'à 18h.
se lever : おきる①　petit-déjeuner : あさごはん　piscine : プール

Les questions du まねきねこ
1. 日本のはるはいつからですか。さむいですか。
2. だれがえんそくにいきましたか。
3. フランスの学校のせいともえんそくに行きますか。
4. おべんとうはなんですか。
5. 先生はなにをしましたか。
6. 子どもたちはどこまで行きましたか。
7. うみでなにをしましたか。おひるはなにをしましたか。
8. 子どもたちは何時に学校にもどりましたか。
9. 子どもたちはかいといしでなにをしましたか。
10. えんそくの日に子どもたちはたいくつしますか。
11. あなたは何時に学校にいきますか。
12. きのう、あなたは何時までテレビをみましたか。

もどる : retourner, rentrer (pour un instant)
テレビ : la télévision

日本のまつり 〔その一〕

日本では、まつりの日がおおいです。
ここですこしせつめいをします。

一月一日 お正月(しょうがつ)です。きょうはかぞくのすべての人がうちに来ています。お母さんがおせちりょうりをつくりました。いま、みんながそれをおいしく食べています。女の人はきものをきています。子どもたちがはごいたやたこあげであそんでいます。子どもたちはおじいさんとおばあさん、おじさんとおばさんからおとしだまをもらいました。

三月三日 おひなまつりです。かぞくに女の子がいますから、おひなさまをかざりました。女の子がおきものをきて、おともだちといっしょにおひなさまのおかしを食べています。ピンクとしろとみどりいろのおかしです。

五月五日 子どもの日です。かぞくに男の子がいますから、こいのぼりをかざっています。ながいぼうの一ばん上にぴかぴかのやぐるまがきれいにひかっています。くろいこいはお父さんです。あかいこいはお母さんです。そして、下のあおいこいはうちの男の子たちです。こいの上は川です。
子どもの日はゴールデン・ウィークの七ばん目の日です。

Vocabulaire -6-

まつり : la fête
せつめい : l'explication
お正月　おしょうがつ : le Nouvel An, le Jour de l'An
かぞく : la famille
人　ひと : une personne
おせちりょうり : la cuisine du Nouvel An
(お)りょうり : la cuisine (à manger)
みんな : tout le monde, tous
女　おんな : la fille, la jeune fille
(お)きもの : le kimono
子どもたち　こどもたち : les enfants
はごいた : jeu de raquettes en bois pratiqué au Nouvel An
たこあげ : jeu de cerf volant
おじいさん : le grand-père
おばあさん : la grand-mère
おじさん : l'oncle
おばさん : la tante
おとしだま : les étrennes
おひなまつり : la Fête des petites filles
おひなさま : les poupées de la Fête des petites filles
ともだち : l'ami(e)
おかし : le gâteau
男　おとこ : le garçon
こいのぼり : mât surmonté de manches à air en forme de carpes
ぼう : le bâton
上　うえ : le dessus, le haut
下　した : le dessous, le bas
やぐるま : roue dorée qui décore le haut du mât

こい : la carpe
川　かわ : la rivière
ゴールデン・ウイーク : "La semaine d'Or", semaine de congé du 29 avril au 5 mai

おおい : nombreux
ピンク : rose
しろい : blanc
みどり : vert
ながい : long
くろい : noir
あおい : bleu

せつめいする : expliquer
来る　くる→きます : venir
きる ① : mettre un vêtement
あそぶ : jouer, se divertir
もらう : recevoir
かざる : mettre en décoration, décorer
ひかる : briller

すこし : un peu
すべて(の) : tous + nom
いま : maintenant
一ばん　いちばん : le /la plus + adj
ぴかぴか : (onomatopée) notion de clarté, de brillance
七ばん目　ななばんめ + mn : le/la septième

nombre + ばんめ : adjectif numéral ordinal (indique le numéro)

Le mot verbal - 4 -

La forme en −て

C'est une forme qui, accommodée de diverses manières, est extrêmement utilisée en japonais. Nous allons donc petit à petit apprendre à nous en servir.

- 1 - Principes de construction

Elle est construite à partir de la « forme du dictionnaire », ou « forme neutre » du mot verbal suivant le schéma :
Pour les mot verbaux よだん

Forme Neutre en	forme en —て	exemple	forme en —て	sens
—う	—って	あう	あって	rencontrer
—く	—いて	あるく	あるいて	marcher
—ぐ	—いで	およぐ	およいで	nager
—す	—して	かす	かして	prêter
—つ	—って	たつ	たって	se lever
—ぬ	—んで	しぬ	しんで	mourir
—ぶ	—んで	えらぶ	えらんで	choisir
—む	—んで	よむ	よんで	lire
—る	—って	うる	うって	vendre

Pour les verbes いちだん la règle est simple

| —[i]る | —[i]て | みる | みて | voir |
| —[e]る | —[e]て | たべる | たべて | manger |

💣 Exceptions
```
する → して faire;
いく → いって aller;
くる → きて venir
```

- 2 - Les utilisations (1)

- A - La forme suspensive
Un des emplois de la forme en −て est l'expression d'<u>une **succession** (chronologique) **d'actions**</u> admettant toutes un **même sujet ou thème**.

56

On parle alors de forme suspensive, car le verbe est mis en suspens, avant d'aller voir le verbe suivant et d'avoir une vision globale de l'action.

* Yûji s'est levé, s'est lavé la figure et a pris son petit-déjeuner.
  → ゆうじさんは<u>おきて</u>、かおを<u>あらって</u>、あさごはんを<u>たべました</u>。

Les verbes exprimant les actions successives sont mis sous leur forme en -て, et sont à chaque fois suivis d'une (、). **Tous** les verbes sont sur un **même plan** (il n'y a pas d'indication de temps, une forme suspensive n'est JAMAIS en -た *cf fiche grammaire 8*) et seul le dernier de la série sera « conjugué », c'est-à-dire qu'il portera la désinence temporelle qui sera **valable pour tous les verbes de la série**.

💣 Ce qui signifie qu'avant de traduire une phrase japonaise contenant une ou plusieurs formes suspensives, il faudra trouver le dernier verbe de la série pour savoir si l'ensemble est à la forme perfective, conjecturale (voir leçon 9) ou tout simplement a-temporelle. Et vice-versa, lorsqu'on voudra exprimer une suite d'actions dans le passé, par exemple, on ne mettra que le dernier verbe de la phrase à la forme perfective.
Exemples :

* ねこが<ruby>あくび<rt>bailler</rt></ruby>をして、あしを<ruby>なめ<rt>lécher</rt></ruby>て、<ruby>そと<rt>dehors</rt></ruby>に<u>行きます</u>。
  Le dernier verbe est à la forme a-temporelle, la traduction en français sera donc rendue par un présent (puisqu'il n'y a pas d'autre indication permettant de situer le temps)
  → Le chat baille, se lèche la patte et sort.

* たろうが<ruby>まど<rt>fenêtre</rt></ruby>をあけて、<ruby>そら<rt>ciel</rt></ruby>をみて、<ruby>さんぽ<rt>promenade</rt></ruby>に<u>行きました</u>。
  Cette fois-ci, le dernier verbe est à la forme perfective : la traduction française sera à un temps du passé
  → Tarô ouvrit la fenêtre, regarda le ciel et alla en promenade.

- B -   La forme durative
La forme durative est composée de la forme en -て du verbe significatif à laquelle on adjoint le verbe いる à la forme qui convient (neutre, polie, perfective etc...)

> forme durative = mv forme en -て + いる

Fiche Grammaire -6-

Fiche Grammaire -6-

La forme durative sert à indiquer que l'état, la situation provoquée par une action déjà effectuée se poursuit, dure.

Cela pourra correspondre à deux cas de figure :

1. **L'action a eu lieu il y a un certain temps déjà, et l'état résultant dure encore** :
   - J'ai un pull → je l'ai mis ce matin et je l'ai toujours sur moi.
   セーターを**きています**。
   - Mes amis étaient là → ils étaient venus deux heures plus tôt et étaient encore là
   ともだちが**きていました**。
   - Nous apprenons le japonais depuis septembre
   九月から日本ごをべんきょう**しています**。

2. **L'action est en train de se faire, elle n'est pas instantanée, je la vois donc se dérouler**
   - La famille était en train de dîner
   かぞくはゆうしょくを**たべていました**。
   - Il pleut
   あめが**ふっています**。

Les particules fonctionnelles - 6 -

で (2) Outre son utilisation pour désigner le lieu où se déroule l'action, で est également employé pour désigner « l'instrument », ce avec quoi on effectue l'action :

J'écris <u>avec</u> un crayon → えんぴつ**で**かきます

Jun joue <u>avec</u> un ballon → じゅんさんはボール**で**あそんでいます

L'expression de la cause

En français, on exprime la cause en ajoutant un mot particulier (parce que, car...) en début de proposition, et souvent la proposition comprenant le complément circonstanciel de cause est située après la proposition principale.

☞ En japonais, le **mot indicatif** de la cause, から, est placé **en fin de proposition**, et la proposition circonstancielle de cause est située avant la proposition principale.
On aura donc le schéma :

> Enoncé de la cause + から、énoncé de la conséquence

☞ Le verbe qui précède から peut être soit en forme neutre, soit en forme polie (l'ensemble a alors une note plus polie, plus respectueuse).

☞ Si c'est un qualificatif qui précède から, il pourra lui aussi être ou sous sa forme polie (--ですから) ou sous sa forme neutre (en -い pour les mots verbaux variables).
S'il s'agit d'un qualificatif invariable, on intercalera -だ (qui est une forme neutre de です) pour obtenir la forme -だから.

Exemples :

● あめが**ふっています**から、子どもたちは外であそびません。
 → Les enfants ne jouent pas dehors parce qu'il pleut.
● えんそくが**ある**から、お母さんはおべんとうをつくります。
 → Maman prépare un pique-nique car il y a une excursion.

● あのいえがふるい**です**から、私たちはかいません。
 → Comme cette maison est vieille, nous ne l'achetons pas.
● このセーターがきれい**です**から、かいます。
 → Comme ce pull est beau, je l'achète.

● スープが**あつい**から、じゅんさんはたべません。
 → Comme la soupe est chaude, Jun ne mange pas.
● このにわは**しずかだ**からすきです。
 → J'aime ce jardin parce qu'il est calme.
● わたしはねこが**すきだ**から、うちにたくさんいます。
 → Comme j'aime les chats, il y en a plein chez moi.

☽ Rappelons-nous que le verbe « aimer » français est traduit en japonais par すき + です, où すき est un qualificatif invariable correspondant à « aimable », « digne d'être aimé », donc le nom désignant l'objet aimé est suivi de が.

Exercices -6-

① Donner la forme en -て des verbes suivants.
いく ・ しらべる① ・ のむ(boire) ・ ねむる(dormir) ・ ねる①(se coucher) ・ いう(dire) ・ おわる ・ まつ(attendre) ・ かく(écrire) ・ まなぶ(apprendre) ・ みえる(apparaître) ・ かりる①(emprunter)

② A partir des formes polies ci-dessous, fabriquer la forme durative correspondante. Donner ensuite la forme neutre du verbe d'origine.
よびます ・ひかります ・ あそびます ・ かざります ・ おちます①(tomber)・うたいます(chanter)・ねがいます(souhaiter) ・あふれます①(déborder) ・なきます(pleurer ;crier) ・つくります(faire, fabriquer) かちます(gagner) ・きます① ・ぬぎます(enlever un vêtement) ・ あげます①(donner) ・もらいます

③ Relier les phrases suivantes pour indiquer une succession d'actions effectuées par le même sujet.
  A - まさおさんがおきました。ふろばに行きました。パジャマをぬぎました。シャワーをあびました。からだをタオルでふきました。きれいなふくをきました。
  B - いま、だいどころに行きます。れいぞうこをあけます。ミルクとバターをだします。コーヒーをつくります。あさごはんをたべます。
    そして、コートをきます。くつをはきます。そとへでます。

おきる : se lever ・ふろば : salle de bains ・シャワーをあびる: prendre une douche ・からだ : le corps ・タオル : serviette ・ ふく: essuyer ・だいどころ : cuisine ・れいぞうこ : réfrigérateur ・ あける : ouvrir ・だす : sortir ・くつをはく: mettre ses chaussures

④ Relier les phrases deux par deux dans un lien de cause à effet.
  1. かおりさんはびょうきです。学校に行きません。
     (びょうき : malade)
  2. 時間があります。テレビを見ます。(テレビ : télévision)
  3. お母さんのケーキはおいしいです。子どもがたくさん食べます。
  4. うみに行きます。ぼうしとみずぎ(maillot de bain)をリュックサックに入れます。
  5. 子どもの日です。こいのぼりをかざります。

⑤ Traduire en japonais

Les enfants jouent dehors parce qu'il fait beau. Le chat est en train de dormir, et le chien joue avec les enfants.
Hier nous avons écrit des kanji et nous les avons appris.
Comme Tomoko va à une fête, elle a pris une douche et maintenant elle est en train de choisir une robe.
 Une fête パーティ　Une robe ワンピース

Les questions du まねきねこ

1. 日本ではまつりが多いですか。
2. どんなまつりがありますか。
3. 一月一日は何の日ですか。
4. お正月に日本人のかぞくは何をしますか。
5. お母さんは何をつくりましたか。おいしいですか。
6. 女の人は何をきていますか。
7. 男の人はきものをきていますか。
8. 子どもたちはだれからおとしだまをもらいますか。
9. おとしだまは何ですか。
10. フランスの子どもたちもお正月におとしだまをもらいますか。
11. ひなまつりはいつですか。だれのまつりですか。
12. その日に女の子は何をしますか。
13. 五月五日は何の日ですか。
14. こいのぼりは何ですか。
15. ゴールデン・ウィークは何ですか、いつですか。

日本のまつり 〔その二〕

七月七日 七夕〔たなばた〕です。日本のなつのまつりです。

てんきがよくて、あついから、まつりはよるに行われます。しゃしんを見てください。女の人はゆかた〔なつのきもの〕をきて、おどります。

そらには、花火もあります。とてもきれいですよ。

八月 おぼんです。ぼんおどりがあります。 
また、人はきれいなちょうちんをかざって、よるをまちます。それはおぼんにしんだ人がうちにかえるからです。おぼんはしんだ人のまつりだから、おはかを水であらって、きれいにします。それでもにぎやかで、たのしい時です。ながい休みはかぞくのためのたのしい一時です。

十一月十五日 七五三〔しちごさん〕です。七五三は子どものための日です。三さいと五さいの男の子、そして三さいと七さいの女の子のためのおいわいです。子どもがぶじに大きくなって、かぞくの人たちはうれしいから、じんじゃへ行って、かみにかんしゃします。おみやまいりです。 
しゃしんの男の子を見てください。どうおもいますか。かわいくて、きれいですね。

62

七夕 たなばた : la fête de Tanabata (fête des étoiles)
よる : la nuit
ゆかた : kimono de coton pour l'été
花火 [はなび] : le feu d'artifice
そら : le ciel
おぼん : o-Bon, la fête des Morts
ぼんおどり : les danses de o-Bon
ちょうちん : la lanterne de papier
しんだ人 [しんだひと] : le mort
おはか : la tombe
水 みず : l'eau
時 [とき] : le moment
休み [やすみ] : le congé, le repos
七五三 [しちごさん] : Shichigosan, fête des enfants de 3, 5 et 7 ans
おいわい : la fête, le fait de fêter, de se réjouir pour une chose faste
じんじゃ : le sanctuaire shintoïste
かみ : le dieu, la divinité
かんしゃ : la reconnaissance, les remerciements
おみやまいり : visite au sanctuaire, pour remercier les dieux et leur demander leur protection pour l'avenir

よくて →いい : bon
あつい : chaud
にぎやか : animé, plein d'entrain
すばらしい : merveilleux, magnifique
かわいい : mignon, joli

行われる [おこなわれる] : se dérouler, se passer
おどる : danser
まつ ; attendre
かえる : rentrer
あらう : laver
きれいにする : nettoyer
かんしゃする : remercier, rendre grâce
来る [くる] : venir
おもう : penser

それは : c'est (reprend ce qui vient d'être énoncé dans la phrase précédente)
それでも : malgré cela
ぶじに : sans encombre, sain et sauf
どう : comment ...?

よ : particule finale pour convaincre l'interlocuteur
ね : particule finale pour demander l'assentiment de l'interlocuteur

Vocabulaire -7-

Les mots qualificatifs - 4 -

La forme suspensive des mots qualificatifs

☞ Tout comme les verbes, les qualificatifs ont une forme suspensive, c'est-à-dire que dans une succession de qualificatifs, seul le dernier aura sa forme complète, les qualificatifs précédents étant sous leur forme suspensive. On a vu au début du cours que と ne pouvait relier que des noms, on ne pouvait donc pas l'utiliser entre des qualificatifs pour dire « et ». C'est la forme suspensive qui va remplir ce rôle d'accumulation de qualificatifs.
On observe deux principes de formation de la forme suspensive des qualificatifs suivant qu'ils sont variables ou invariables.

- A -   Qualificatifs variables
La forme suspensive des qualificatifs variables est construite à partir du même radical que la forme négative en -くありません.
On retire -ありません et on met -て à la place.

● ながい → ながく~~ありません~~ → ながく「て」

おおきい → おおきく~~ありません~~ → おおきく「て」

💣 いい → よく~~ありません~~ → よく「て」

- B -   Qualificatifs invariables
La forme suspensive des qualificatifs invariables est construite en ajoutant -で au qualificatif.

● しずか → しずか「で」   きれい → きれい「で」

☞ **Utilisation**
● La maison est neuve, claire et spacieuse (3 mq variables)
→ いえはあたらしくてあかるくてひろいです。
● Le jardin est calme et frais (1 mq invariable, 1 mq variable)
→ にわはしずかですずしいです。
● Cette fleur est grande et belle (1 mq variable, 1 mq invariable)
→ このはなはおおきくてきれいです。
● Cette fête est animée et belle (2 mq invariables)
→ このまつりはにぎやかできれいです。

☞ L'autre utilisation de cette forme rejoint l'expression de la cause : si l'idée contenue dans le qualificatif est la cause de l'action exprimée par le verbe qui suit, le qualificatif sera en forme suspensive.
Exemple :
● 私はこのケーキがおいし**くて**、ぜんぶ食べました。
→ j'ai trouvé ce gâteau (si) bon que j'ai tout mangé.
● 私はパーティがたのし**くて**、おそい時間までのこりました。
→ la fête était tellement agréable que je suis resté jusqu'à une heure tardive.

Le mot verbal - 5 -

L'impératif du mot verbal : la forme en -てください

Il existe plusieurs formes d'impératif en japonais, suivant le degré de politesse. Une de ces formes d'impératif se construit à partir de la forme en -て vue dans la fiche de grammaire 6 p56.
A la suite de la forme en -て du verbe, il suffit d'ajouter **ください** (en kanji : 下さい).
Ex :
よむ → よん**でください** lis ! / lisez !
かく → か**いてください** écris ! /écrivez !
こたえる → こたえ**てください** réponds ! / répondez !
行く いく → 行**ってください** va ! / allez !
来る くる → 来**てください** viens ! / venez !
する → し**てください** fais ! / faîtes !

La valeur de cet impératif est une politesse de niveau courant, il n'est ni trop familier, ni trop ampoulé.

Les expressions en : mot qual. forme adverbiale + する

Au début du texte 5, nous avons utilisé le mot verbal なる. Nous avons vu alors que 四月になりました traduit littéralement par : « le mois de mars est devenu », exprimait, en fait, un état présent résultant d'une évolution : C'est le mois de mars; Mars est là.
De même, lorsqu'un mot qualificatif sous forme adverbiale est suivi de なる, cela exprime une évolution vers un état exprimé par le mot

qualificatif. Lorsque cet état est exprimé par un nom, il est suivi de la particule fonctionnelle に:

* けむしはちょうちょう に なりました。 → la chenille est devenue papillon

    chenille   papillon

On aura le même genre de construction avec する. L'ensemble indiquera alors qu' « on » effectue l'action qui consiste à transformer l'objet (+を) pour qu'il atteigne l'état exprimé par le mot qualificatif.

* おとうさんがうちを大きくしました。 → mon père a agrandi la maison.

* あにがくるまをきれいにします。 → mon grand frère rend la voiture belle → il la nettoie.

Les particules finales

Dans le style oral, on emploie souvent des particules finales (en fin de phrase). Ces particules servent à nuancer le discours et vont de paire avec une certaine intonation.
Elles peuvent également avoir une connotation féminine ou au contraire masculine.
Elles sont dans tous les cas tout simplement ajoutées à la fin de la phrase, que l'énoncé de cette phrase soit dans un style poli ou neutre / familier.
Nous commencerons par deux particules qui sont utilisables autant par les hommes que par les femmes : ね et よ.

ね indique que le sujet parlant s'attend à un assentiment de l'interlocuteur; en français, la nuance ressemble beaucoup à « n'est-ce-pas ? ». La voix monte, le son «ね» est accentué.

* 今日はいいおてんきですね。 → il fait beau aujourd'hui, n'est-ce pas?

* この木は大きいですね。 → il est grand cet arbre, vous ne trouvez-pas ? → qu'il est grand cet arbre !

よ est plus insistant que ね. Le sujet parlant affirme, il essaie de convaincre l'interlocuteur. Il ne laisse pas de place pour une réplique qui irait dans le sens contraire de ce qu'il affirme.
Le son « よ » est appuyé, mais la voix descend. Il n'y a pas en français un mot qui puisse traduire seul la nuance du よ. En fonction du contexte, on pourra dire en français : je vous assure! Ou bien « puisque je te le dis » ...

● この木はおおきいですよ。 → je t'assure qu'il est grand cet arbre!
→ ouh la la, qu'il est grand cet arbre, regarde !

● きょうはいいおてんきですよ。 → Il fait beau aujourd'hui, j'ai dit !

💣 Le ton étant à l'affirmation, il faut faire attention à ne pas « choquer » un interlocuteur auquel on voudrait marquer du respect !

Fiche Grammaire -7-

Exercices -7-

① Développer les phrases suivantes en y ajoutant les qualificatifs entre parenthèses.
- a- 田中さんはいえをかいました。(新しい；きれい)
- b- いえのまえににわがあります。(ひろい；すばらしい)
- c- このくるまです。(あおい；ながい；はやい)
- d- はなです。(きれい；しろい)
- e- しごとをします。(おおい；たいへん)

② Transformer les phrases suivantes en ordres (à l'impératif)
- a- よくあそびます。
- b- よるになりましたから、はやくねます。
- c- おぼんだから、おどります。
- d- みんながあつまっているから、たのしみます。
- e- びょうきだから、やすみます。
- f- 子どもはげんきだから、かみにかんしゃします。
- g- 時間だから、がっこうに行きます。
- h- いぬはきたないです。外に出します。
- i- おいしいから、たべます。
- j- 先生のまえにたちます。

③ Former des phrases à partir des éléments donnés (structure avec mot qual. + する)
- a- お母さんが → スカート みじかい。
- b- かおりさんが → ケーキ あまい。
- c- あねが → かみのけ あかい。(passé)
- d- 子どもが → へや きれい。(en train de se faire)
- e- わたしが → かべ きいろ。
- f- 先生が → しゅくだい むずかしい。(passé)

④ Traduire en japonais
La nuit est chaude parce que c'est l'été .
C'est la fête alors un feu d'artifice magnifique éclaire le ciel de la nuit. Les enfants petits et mignons ont mis un yukata et ils dansent avec les mamans. Comme les gens dansent agréablement, la ville devient animée. La musique rend les gens joyeux. J'aime la fête !
La musique : おんがく   **joyeux** : (ici)うれしい

Les questions du まねきねこ

1. 七夕はいつですか。
2. 七夕のまつりはどうして夜(よる)に行なわれますか。
3. 女の人はどんなふくをきていますか。
4. 何が七夕の夜をあかるくしますか。
5. お盆(ぼん)はだれのためのまつりですか。
6. 人々はどうしてちょうちんをかざりますか。
7. お盆に人々はどこに行って、何(なに)をしますか。
8. お盆は楽しい一時ですか。どうしてですか。
9. 七五三はだれのための日ですか。
10. 何才(なんさい)の男の子のおいわいですか。
11. 何才の女の子のおいわいですか。
12. どうしてその日においわいがありますか。
13. 日本人はじんじゃに行って、何をしますか。
14. フランスにもおみやまいりがありますか。

Texte 8 — 学校のスポーツまつり（うんどうかい）

東京 1964

一九六四年十月十日に東京オリンピックがはじまりました。だから、日本では毎年十月十日がスポーツの日になっているのです。たいいくの日です。(二〇〇〇年から、たいいくの日は10月の第二月よう日になりました。)
その日に子どもたちは学校に行きますが、べんきょうをしないのです。スポーツをします。

このしゃしんをよく見てください。しろいふくの子どもは小学生です。くみたいそうをしています。むずかしいえんぎをみんなに見せています。

ながい間、いっしょうけんめいにれんしゅうしたから、あまりこわくないですよ。

あなたはおなじえんぎをしないのですか。

その日は、お父さんたちはしごとに行かないから、お母さんといっしょに学校に行って、子どもたちのきょうそうやえんぎやしあいなどを見て、みんなでよろこんで、うんどうかいをたのしむのです。

あなたの学校にはうんどうかいがないのですか。
そちらの国はたいいくの日がないのですか。

Vocabulaire -8-

スポーツ : le sport
うんどうかい : la réunion sportive
東京　とうきょう : Tôkyô
オリンピック : les Jeux Olympiques
たいいく : l'éducation physique
第二月よう日　だいにげつようび : le deuxième lundi
しゃしん : la photo
ふく : le vêtement
たいそう : la gymnastique
くみたいそう : la gymnastique de groupe
えんぎ : la prestation (sportive)
あいだ　間 : l'intervalle, la durée
れんしゅう : l'exercice, l'entraînement
きょうそう : la course
しあい : la rencontre sportive, le match

見せる　みせる : montrer

れんしゅうする : s'entraîner, s'exercer
よろこぶ : se réjouir
たのしむ : savourer un moment agréable

だから : c'est pourquoi
まいとし 毎年 : chaque année
よく : bien
あまり + nég : pas très
いっしょうけんめいに : de toutes ses forces, avec assiduité
みなで ou みんなで : tous ensemble

むずかしい : difficile
こわい : effrayé, apeuré
おなじ : semblable, même

こちら、そちら、あちら : de ce côté-ci, de ce côté-là, là-bas

Le mot verbal - 6 -

☞ La forme négative neutre

Nous avons déjà vu que le verbe a une forme négative polie, qu'on trouve en général en fin de phrase, en -ません.
Mais chaque mot verbal a également une forme négative neutre, c'est-à-dire une forme qui sera l'équivalent en négatif de la forme neutre sur laquelle nous avons déjà travaillé. Elle servira à s'exprimer dans un contexte plus familier, mais également elle aura l'avantage de pouvoir être suivie de « quelque chose », puisque ce n'est pas nécessairement une forme conclusive.

- 1 - Principes de construction

La forme négative neutre va être fabriquée à partir d'une nouvelle « base » du mot verbal, la base qu'on appelle en japonais « *mizen* », ou en français base de la négation ou base « indéterminée » (mais attention elle ne sert pas seulement à la construction de la forme négative neutre...).

- A -   Pour les mots verbaux **yodan**, nous allons reprendre le tableau que nous avions utilisé pour fabriquer la base connective (Fiche Grammaire 3 page 28), et au lieu de remonter d'un rang pour arriver aux sons en [i], nous remontons de deux rangs, pour arriver aux sons en [a]. Un verbe se terminant par く à la forme du dictionnaire, se terminera donc par か à la base « *mizen*».

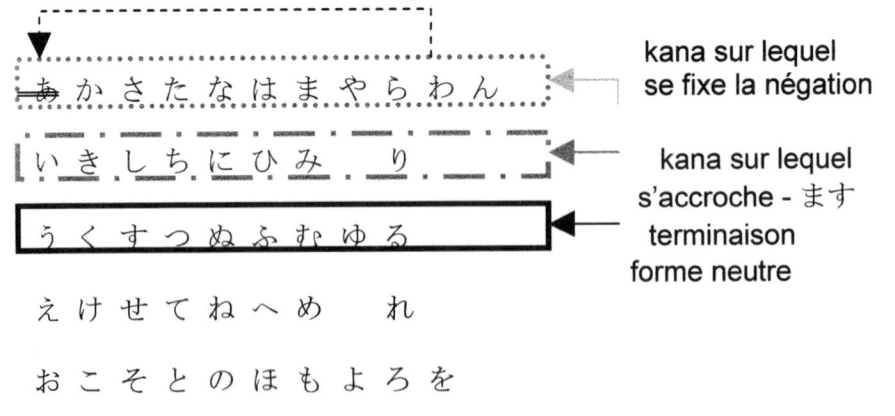

あ̶ かさたなはまやらわん ← kana sur lequel se fixe la négation

いきしちにひみ　り ← kana sur lequel s'accroche -ます terminaison forme neutre

うくすつぬふむ ゆる

えけせてねへめ　れ

おこそとのほもよろを

◐ Le « あ » est remplacé par « わ » dans cette base

La terminaison indiquant la négation est −ない qui s'accroche sur cette nouvelle base. On obtiendra pour les verbes yodan, le tableau suivant :

Forme neutre en	base mizen	exemple	forme négative	sens
—う	—わ	あう	あわない	rencontrer
—く	—か	あるく	あるかない	marcher
—ぐ	—が	およぐ	およがない	nager
—す	—さ	かす	かさない	prêter
—つ	—た	たつ	たたない	se lever
—ぬ	—な	しぬ	しなない	mourir
—ぶ	—ば	えらぶ	えらばない	choisir
—む	—ま	よむ	よまない	lire
—る	—ら	うる	うらない	vendre

- B -   Pour les mots verbaux **ichidan**, la règle est simple:
La forme que prend la **base mizen est identique** à celle de la **base connective**, il suffit donc d'ôter le « る » final du mot verbal en forme neutre. On ajoute ensuite la terminaison « ない » pour obtenir la forme négative neutre.

| —[I]る | —[I]ない | みる | みない | voir |
| —[e]る | —[e]ない | たべる | たべない | manger |

Exceptions
する → し → しない ;
くる → こ → こない;
ある → ない

> Forme négative neutre = m.v. en base mizen + -ない

- 2 - <u>Utilisation</u>

L'utilisation de la forme négative neutre est très vaste. En effet, comme elle n'est pas exclusivement conclusive, nous allons pouvoir l'employer en fonction déterminante, c'est-à-dire placée avant un nom par exemple, pour préciser ce nom. Cela ouvre la voie à des phrases plus complexes et donc à une expression plus riche.

Notons également que cette forme qui se termine en -ない, est une forme qui, avec le −い final, ressemble à un qualificatif variable : il paraît donc normal qu'elle puisse, comme un qualificatif variable, se placer telle quelle devant un nom pour le déterminer.

● べんきょうしない子ども → un enfant [n'étudiant pas]
　　‿‿‿‿‿‿‿‿‿‿　　　→→ un enfant **qui** n'étudie pas
　détermine « enfant »
● しごとに行かないお父さん → un père qui ne va pas au travail

☞ La forme perfective neutre

Autre forme verbale que nous connaissons en version polie conclusive et qui existe également en version neutre, la forme perfective.
En forme polie nous avions :
あります → ありました
きます → きました
etc...
La version neutre de cette forme perfective est simple à construire, à partir du moment où on se rappelle bien la forme en -て. En effet, la construction de base est la même, on va juste **remplacer le kana て** (で dans certains cas) **par** た (だ dans les cas où nous avions で).
Ce qui nous donne le tableau suivant :

Forme neutre en	forme en -て	forme perfective neutre	exemple		sens
—う	—って	—った	あう	あった	rencontrer
—く	—いて	—いた	あるく	あるいた	marcher
—ぐ	—いで	—いだ	およぐ	およいだ	nager
—す	—して	—した	かす	かした	prêter
—つ	—って	—った	たつ	たった	se lever
—ぬ	—んで	—んだ	しぬ	しんだ	mourir
—ぶ	—んで	—んだ	えらぶ	えらんだ	choisir
—む	—んで	—んだ	よむ	よんだ	lire
—る	—って	—った	うる	うった	vendre

De même pour les mot verbaux ichidan
| —[i]る | —[i]て | —[i]た | みる | みた | voir |
| —[e]る | —[e]て | —[e]た | たべる | たべた | manger |

Exceptions
する → して → した ;
くる → きて → きた;
いく → いって → いった

Cette forme perfective neutre, tout comme la forme négative neutre, a l'avantage de ne pas être exclusivement conclusive. Elle aussi va pouvoir être utilisée en fonction déterminante d'un nom pour préciser ce nom. Nous l'avions déjà employée, sans entrer dans les détails, dans la leçon 7 page 62, dans l'expression
おぼんは**しんだ**人のまつりです
où **しんだ**人 désigne « les gens <u>qui sont morts</u> », d'où la traduction proposée dans la liste de vocabulaire : les morts.
On voit dans le tableau de la page 74 que しんだ est la forme perfective neutre de しぬ : mourir, et qu'il est placé en fonction déterminante, soit juste avant le nom : 人, et qu'il précise ce mot : quels gens, quelles personnes? → ceux, celles qui sont morts.

On s'aperçoit donc que toutes **les formes dites « neutres »** que nous rencontrons ont cette **double possibilité** : **soit** être en fin de phrase, en fonction **conclusive** et le style est alors familier, **soit** être placée avant un nom qu'elle précise, en fonction **déterminante**.
C'est un point que nous développerons plus dans la leçon 10, quand nous aborderons la proposition déterminante, mais il est bon de retenir dès maintenant cette « richesse » des formes neutres.

Le mot qualificatif - 5 -

La forme négative neutre

Tout comme le verbe, le **qualificatif variable** a une forme négative neutre. Nous avons déjà vu que la négation du qualificatif pouvait être transcrite par la forme -**くありません**, qui venait remplacer le -い terminal.
　おおきい → おおき**くありません**
Il s'agissait d'une forme conclusive, comme la négation du verbe en -ません.

Au début de ce chapitre nous avons appris à construire la forme négative neutre du verbe, notamment nous avons noté que ある, exception, passait de ありません à ない.
La forme négative neutre du qualificatif va se construire de façon tout à fait logique sur ce ない qui va remplacer le ありません de la forme polie conclusive.

おおきい → おおきくありません → おおきくない
ながい → ながくありません → ながくない

Exception
いい → よくありません → よくない

La forme résultante a la même morphologie qu'un qualificatif variable « normal », elle se termine par un -い, et va se comporter de la même manière. C'est-à-dire qu'on pourra mettre ce nouveau qualificatif variable en fonction déterminante, avant le nom, mais aussi qu'on pourra former un adverbe en remplaçant le -い par -く.
Cela signifie également que ce mot se suffit à lui-même, mais que pour l'utiliser dans un langage poli on le fera suivre de です.

● このケーキはあまくない。 → ce gâteau n'est pas sucré (style familier)
● このねこはくろくないです。 → ce chat n'est pas noir.
● まるくないケーキです。 → C'est un gâteau qui n'est pas rond.

💥 Le <u>qualificatif invariable</u>, on l'a vu, n'a pas de forme négative polie propre. Il en est de même pour la forme négative neutre, si ce n'est que le ありません peut se transformer en ない suivi de です.

● しずか → しずかではありません → しずかではないです

La notion d'explication : -のです

Une des possibilités que nous offre la forme neutre du verbe (qu'elle soit négative ou non, perfective ou non) est de préciser la nuance de la phrase en ajoutant « quelque chose » après le verbe principal : ici, nous renforçons l'idée d'explication en ajoutant -のです.

● Les enfants font une figure périlleuse, mais ils n'ont pas peur. **C'est parce qu'**ils se sont beaucoup entraînés.

→いっしょうけんめいれんしゅう<u>した</u>**のです**。
forme perfective neutre ←

❀ ケーキはもう**ない**のです。いぬがぜんぶ<u>たべた</u>のです。

    forme négative neutre   forme perfective neutre
→ Il n'y a plus de gâteau. Le chien a tout mangé.
  (nuance de déception, le sujet n'en croit pas ses yeux mais constate, se rend à l'évidence)

Le -のです dans une interrogation sera une manière de demander, non pas seulement une réponse, mais une explication car on ne comprend pas bien.

❀ Pour des enfants japonais il va de soi que chaque année il y a une rencontre sportive entre tous les élèves de l'établissement. Voyant des enfants français, ils sont tout étonnés qu'il n'y ait pas ce genre de manifestation dans les écoles françaises, et se demandent s'ils ont bien compris.
    → フランスの学校にうんどうかいがない**のですか**。
    Comment, il n'y a pas de rencontre sportive?

❀ ケーキはもう**ない**のですか。もう<u>たべた</u>のですか。

    forme négative neutre   forme perfective neutre
→ Il n'y a plus de gâteau ? Comment, vous l'avez déjà mangé ?
  (nuance de surprise, le sujet n'en croit pas ses yeux et souhaite avoir des explications)

💧 Si la phrase que l'on souhaite nuancer avec -のです est à l'origine une phrase terminée par mot invariable +-です, la tournure sera なのです.

    ❀ はなはきれい~~です~~   la fleur est jolie

        はなはきれい**な**のです。 → elle est jolie, la fleur
          (admirez-la, mais il ne faut pas la couper)

(**な** est la forme déterminante de です, que nous avions déjà employée pour relier un qualificatif invariable au nom qu'il qualifie)

La liaison de deux phrases en opposition de sens : が

Il existe un moyen très simple de relier deux phrases japonaises lorsque celles-ci expriment des idées qui sont en opposition : c'est de mettre un **が** suivi d'un « 、 » entre elles. Il faut noter que cette construction a l'avantage immense de ne rien changer à la phrase du départ : si on avait une phrase affirmative en forme polie conclusive, elle reste telle quelle, en forme conclusive et on ajoute が après le -ます ou le -です, tout simplement.

La seconde phrase suit après le « 、 », comme si de rien n'était. On obtient malgré tout une phrase « à rallonge » très impressionnante.

On peut noter que la nuance d'opposition entre les deux phrases n'a pas besoin d'être très prononcée pour qu'on puisse utiliser が.

- いいおてんきです**が**、さむいですね。
    → Il fait beau, **mais** il fait froid, vous ne trouvez pas ?
- この本がすきです**が**、すこしながいですね。
    → J'aime ce livre, **mais** il est un peu long, n'est-ce pas ?

Ce が、qu'on met en fin de phrase, et qui suit un verbe ou un qualificatif, n'a rien à voir avec le が, particule fonctionnelle, qui suit un nom et sert à indiquer le sujet grammatical du verbe. Il ne faut pas les confondre !

Par ici, par là : こちら, そちら

Au tout début du cours, nous avons vu les démonstratifs この et その; これ et それ.

Dans la même logique, il existe, en japonais, plusieurs manière de dire « par ici » ou « par là », en fonction de l'éloignement par rapport au sujet parlant.

Pour ce qui est du côté du **sujet parlant**, on utilisera : こちら
Pour ce qui est du côté de l'**interlocuteur**, on utilisera : そちら
Pour ce qui est **loin des deux**, on utilisera : あちら
et pour poser la **question** : de quel côté ?, on utilisera : どちら

Quant à la traduction en français, on aura plusieurs possibilités :
- えきは**どちら**ですか。 → La gare, c'est **de quel côté** ? (c'est **par où**?)
    あちらです。 → C'est **par là-bas**.

- たろうさんは**どちら**ですか。 → Tarô, **c'est lequel** d'entre vous ?
    たろうは**こちら**です。 → C'est moi. (C'est par ici)

- お国はどちらですか。 → **Votre** pays, c'est où ? (Quel est votre pays?)
  フランスです。 → C'est la France.

- こちらはだいどころです。 → **Ici, c'est** la cuisine. [Voici la cuisine]
  (dit la maîtresse de maison en faisant visiter son appartement)

- そちらは田中さんですか。 → **Vous** êtes Monsieur Tanaka ?

- Au téléphone
  こちらはさむいです。 → **Chez nous**, il fait froid. **Ici** il fait froid.
  (de ce côté ci du téléphone)
  そちらもさむいですか。 → **Chez toi** aussi, il fait froid ?
  (à l'autre bout du téléphone)

ou encore
  こちらはじゅんですが、けんさんはいますか。
  → Ici Jun à l'appareil. Est-ce que Ken est là ?

- こちらの人はさかなをたべません。
  → les gens d'ici ne mangent pas de poisson.
  → la personne qui vit près de moi → mon mari, ma femme, ne mange pas de poisson.

Exercices -8-

① Donner la forme négative neutre (en -ない) des verbes suivants

よぶ - のむ - ひかる - ねる① - いう - まつ - かりる① - なく - かつ - みえる① - もらう - かく - きく - くる - ぬぐ - する - おちる① - しぬ - あそぶ - おわる - ある

② Donner la forme perfective neutre des verbes de l'exercice ①

③ Mettre les phrases suivantes à la forme négative (négation du qualificatif)

    a - おいしいケーキです。
    b - ふるい学校に行きます。
    c - あの人はいいですね。
    d - いぬの目はあおいです。
    e - このクラスは子どもがおおいです。
    f - きょうのえいが(film)はあたらしいです。

④ Répondre aux questions sur un ton d'explication

    1. あした、うんどうかいに行きますか。→ はい、
    2. ケーキをたべますか。→ いいえ、
    3. いそがしいですか。 → いいえ、
    4. お母さんとお父さんがよろこびますか。→ はい、
    5. まいにちれんしゅうしますか。→ はい、
    6. そのいえはしずかですか。→ はい、

⑤ Traduire en japonais

    A - Regardez cette photo ! Elle n'est pas très vieille. C'est la fête du sport de 1997 de l'école de Yûji. Yûji c'est le petit garçon ici ! Ce jour-là, il a gagné la course de 50 mètres. Nous nous sommes bien amusés.

    B - Tu n'étais pas là hier, n'est-ce pas ? Est-ce que tu as oublié le match ! Nous sommes allés à Yamanashi et notre équipe a gagné! Maintenant, viens ! Comme le professeur de sport fête ça avec l'équipe, l'heure d'EPS va être animée. ... Ceux qui ne viennent pas feront le ménage du gymnase demain !

oublier : わすれる① **l'équipe** : チーム
faire le ménage : おそうじをする **le gymnase** : たいいくかん

Les questions du まねきねこ

1. 東京オリンピックはいつはじまりましたか。
2. 日本では、今、10月10日は何の日になっていますか。
3. 体育(たいいく)の日に子どもたちは学校に行かないのですか。
4. しゃしんに何が見えますか。
5. 子どもたちは何をしていますか。
6. えんぎがむずかしいから、子どもはこわいですか。
7. どうしてこわくないのですか。
8. うんどうかいの日にお母さんたちはうちにのこりますか。
9. その日にお父さんたちはしごとに行かないのですか。
10. あなたの学校ではうんどうかいが行なわれますか。

食べましょうよ

秋子　ただいま。

中学一年生の秋子さんが中学校からかえりました。げんかんでくつをぬぎます。
そしてうちに上がって、スリッパをはきます。

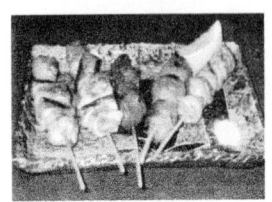

お母さん　おかえり。学校はどうでしたか。お昼の食事はおいしかったですか。今、秋ちゃんの好きなおりょうりをつくっていますよ。

秋子　あらっ？やきとりですか。何本つくりましたか。たくさんありそうですね。二十本ぐらいありそうですね。お母さん、それはおいしそうです。

お母さん　ちょっとまってください。くいしんぼうですよ、秋ちゃんは。しかしサラダのためのきゅうりは一本しかないから、八百屋さんへ行って来ます。

秋子　じゃ、私もいっしょに行きましょう。私はとなりの本屋さんで本を一冊といろがみを十枚とえんぴつを三本かって来ます。その後でお母さんのやさいを私がもちます。そしてうちへかえって、べんきょうします。

八百屋さんで、お母さんがトマトを五個ときゅうりを三本とメロンを一個かいました。ぜんぶで２１５０円はらいました。

秋子　お母さん、食事は何時になるのでしょうかね。おなかがもうペコペコです。

お母さん　お父さんは９時にしかかえらないでしょう。お兄さんもおそいでしょう。それでも食事が七時ごろにできるから、秋ちゃん、はやくおべんきょうをしてよ。

82

Vocabulaire -9-

げんかん : entrée (de la maison)
くつ : chaussure
スリッパ : pantoufle
お昼 おひる : midi
食事 しょくじ : repas
やきとり : brochettes de poulet
くいしんぼう : gourmand
サラダ : salade
きゅうり : concombre
八百屋さん やおやさん : marchand de légumes
本屋 ほんや : librairie
いろがみ : papier de couleur
やさい : légume
トマト : tomate
メロン : melon
おなか : ventre
円 えん : le Yen

ぬぐ : ôter un vêtement ou des souliers
上がる あがる : monter
はく : enfiler (chaussures, pantalon...)
まつ : attendre
かう : acheter
はらう : payer
できる① : être prêt ; pouvoir

おいしい : bon (au goût)
となり (の) : voisin
おそい : tardif → en retard
はやい : rapide
→ はやく : vite

ただいま : paroles qu'on dit en rentrant chez soi : Bonsoir, c'est moi !
おかえり : paroles d'accueil vis-à-vis de celui qui rentre à la maison
indication quantitative +ぐらい : à peu prêt
ちょっと : un peu
ちょっとまって下さい : attends un peu!
(の)ため : pour
しか + négation : ne ... que, seulement
あとで : après
そのあとで : après cela, ensuite
ぜんぶで : en tout
おなかがペコペコです : avoir faim (un peu familier)
それでも : malgré cela, toutefois
indication d'heure + ごろ : environ, vers

spécificatifs numéraux
本 ほん : pour compter des objets effilés
冊 さつ : pour compter des livres
個 こ : pour compter des objets compacts
枚 まい : pour compter des objets mince et étendus

Le mot qualificatif - 6 -

- 1 - La forme perfective

A - Le qualificatif variable
On se rappelle que le qualificatif variable a un « petit côté verbal » : nous avons vu une forme négative propre, soit polie conclusive en -く ありません (F.G. 2 p18), soit neutre et éventuellement déterminante en -くない (F.G. 8 p73); nous avons également appris une forme négative perfective polie conclusive en -くありませんでした (F.G. 5 p48).
A chaque fois, c'est au niveau du -い final de la forme du dictionnaire que se produit la modification qui permet de passer à l'une ou l'autre forme.
Pour obtenir la forme perfective propre au qualificatif (forme neutre), il en sera de même : on va modifier la fin du mot, toujours au niveau du -い, qui sera remplacé par la terminaison -かった.
Ce qui nous donne
大きい→大き**かった**　　小さい→小さ**かった**
etc.
Et on retrouve la même exception que pour les autres formes :
いい → **よかった**

💣 Le qualificatif variable prend cette forme du passé quand il n'est pas en fonction déterminante. En effet, quand il est en fonction déterminante, il constitue avec le nom un groupe soudé invariable.
❁　大きい家に住んでいます。　→　大きい家に住んでい**ました**。

B - Le qualificatif invariable
Le qualificatif invariable, comme c'était déjà le cas pour les autres formes que nous avons vues, ne subit pas de modification, mais va être suivi d'un élément formé à partir de -です.
Là où on avait　ワンピースはきれい**でした**。
on aura　ワンピースはきれい**だった**
où -だった est une forme perfective neutre de -です.

💣 Que le qualificatif soit variable ou invariable, la forme que nous venons d'apprendre aura l'avantage de pouvoir être utilisée en fonction déterminante : elle pourra être suivie d'un nom, ou de n'importe quelle structure qui doit être précédée d'une forme déterminante, comme la structure explicative -のです par exemple.
❁ Il était bon ce gâteau ! → あのケーキはおいし**かった**のです。

- 2 - L'expression de l'apparence

Les qualificatifs (et les verbes, on le verra un peu plu loin) ont une forme particulière qui sert à exprimer « l'apparence ».

A - Le qualificatif variable
Le -い terminal va se changer en -そう :
* 外はさむいです。 → donnée objective, « il fait froid dehors » (j'en viens, je l'ai constaté)
* 外はさむそうです。 → « il a l'air de faire froid dehors » (je suis chez moi au chaud, et je vois par ma fenêtre les gens emmitouflés dans leurs manteaux. Je n'ai pas constaté par moi-même.)

💣 Exception
いい → よさそう

💣 Si on fabrique la forme de l'apparence sur un qualificatif mis à la forme négative (soit terminé par –ない), il faut intercaler さ entre le な de ない et そう :
* おもしろい → おもしろくない → おもしろくなさそう
* いい → よくない → よくなさそう

B - Le qualificatif invariable
-そう s'ajoute à la fin du qualificatif :
* あの作家はゆうめいです。 → cet écrivain est célèbre (sa biographie est dans les livres, on voit ses ouvrages partout : c'est une évidence)
* あの作家はゆうめいそうです。 → cet écrivain a l'air célèbre (je ne le connais pas, mais tous mes amis en parlent : pour moi ce n'est pas une évidence)

L'utilisation de cette forme de l'apparence est beaucoup plus répandue que ce qu'on pourrait l'imaginer avec une mentalité française.
En effet, chaque fois qu'on veut employer un qualificatif appliqué à une personne (j'ai froid, il a faim, elle est triste, ils sont joyeux ....) le japonais part du principe que si ce qualificatif s'applique à moi, je sais exactement ce qu'il en est. C'est moi qui ressens, c'est moi qui ai froid, suis triste, ai mal à la tête. Il s'agit de quelque chose de sûr et certain, donc on emploie le mot de qualité dans sa forme de base :
* （わたしは）さむいです。 → *j'ai* froid
* かなしいです。 → *je suis* triste
* あたまがいたいです。 → *j'ai* mal à la tête

Mais si c'est à une autre personne que le qualificatif est appliqué, nous ne pouvons pas être absolument sûrs de ce qu'elle ressent. Le qualificatif japonais prendra alors cette forme de l'apparence.
- あの人はさむそうです。 → ***il*** a l'air d'avoir froid → ***il*** a froid
- 子どもはかなしそうです。 → ***l'enfant*** a l'air triste → ***l'enfant*** est triste
- 田中さんはあたまがいたそうです。

→ 1 - ***M. Tanaka*** a l'air d'avoir mal à la tête
    2 - ***Vous*** avez l'air d'avoir mal à la tête
                (dit-on en s'adressant à M.Tanaka)

💣 **Exception** : いい → よさそう

💣 Si le qualificatif est déjà à la forme négative neutre en –ない, pour lui adjoindre cette nuance d'apparence, on intercale さ entre な et そう : おもしろい → おもしろくない → おもしろくなさそう
- あたらしい先生はやさしくなさそうですね。
    → le nouveau professeur n'a pas l'air gentil !

💣 Le qualificatif résultant, terminé en -そう, est un <u>qualificatif invariable</u> et se comporte donc comme tous les qualificatifs invariables :
on peut le mettre en fonction déterminante en ajoutant -な à la fin, en fonction adverbiale en le faisant suivre de la particule -に, etc...
- しずかそうないえですね。 → c'est une maison qui a l'air calme !
- 女の子がかなしそうにないています。 → la petite fille pleure tristement

☞ La forme de l'apparence ne s'applique pas uniquement aux qualificatifs. Les verbes peuvent également prendre cette forme.
Au lieu de « il pleut » (certitude, l'action se déroule sous mes yeux) nous aurons « il semble qu'il pleuve » ou « il semble qu'il se mette à pleuvoir »
    Dans le premier cas la traduction japonaise est :
    雨がふります。 ou 雨がふっています。

    Dans le second cas, nous aurons 雨がふりそうです。

                         base connective, ren-yô de ふる
Nous avons alors le schéma général

> il semble que + verbe : m.v. base connective + そう

Exactement comme pour les qualificatifs, la forme verbale résultante pourra être mise en fonction déterminante en ajoutant な à la fin
* 雨がふり そう な日でした。 → c'était un jour où la pluie semblait devoir tomber

ou en fonction adverbiale en ajoutant に
* 雨がふり そう にそらがくらくなりました。 → le ciel est devenu sombre comme s'il allait pleuvoir

* いいお天気になり そう に雨がやみました。 → la pluie a cessé comme si le temps devait s'éclaircir

Le mot verbal - 7 -

- 1 - La forme dite « incitative »
La forme « incitative » correspond en gros à l'impératif pluriel du français : « allons! » « Mangeons! » Etc...
Elle est constituée par la base connective du verbe suivie de -ましょう ce qui ne représente pas de difficulté particulière.
* Allons à l'école ! → 学校に行き**ましょう**。
* Mangeons vite ! → はやく食べ**ましょう**。

💣 Si nous avons une succession de verbes à l'impératif en français, comme cela a été précisé à la leçon 6, en japonais seul le dernier verbe sera à la forme « incitative », les précédents étant à la forme en -て.
* ふくを着て、朝ご飯を食べて、はやく外へ行き**ましょう**。
→ Habillons-nous, prenons notre petit-déjeuner et allons vite dehors !

💣 La forme « incitative » de -です, -**でしょう**, utilisée à la suite d'un qualificatif par exemple, pourra donner la nuance de « n'est-ce pas ?» ou servir à atténuer ce que l'on affirme.
* おいしい**でしょう**。 → C'est bon, pas vrai ?
* あの人はかしこい**でしょう**。
　　　→ Il est intelligent, vous ne croyez pas ?
　　　Ou
　　　→ il est intelligent (mais je ne suis pas trop catégorique)

- 2 - L'aspect conjectural
L'aspect conjectural sert à transcrire les faits dont on n'est pas sûr, soit parce qu'ils ne sont pas encore accomplis, soit parce que les éléments en notre possession ne nous permettent pas d'obtenir une

certitude quant à leur accomplissement. C'est ce qui correspond au « on ne sait jamais » du Petit Prince.
C'est cet aspect conjectural qui sert à transcrire notamment le futur, car ce qui est futur n'est pas accompli et n'est donc pas certain.
La formation est simple : il suffit d'ajouter −でしょう à la suite de la forme neutre du verbe.

- 子供たちはプールに行った**でしょう**。→ les enfants sont allés à la piscine, non ?
- あした えんそくに行く**でしょう**。→ demain nous irons en excursion
- 今日のよる、えいがを見ない**でしょう**。→ ce soir je ne regarderai pas le film
- べんきょうしなかった**でしょう**。→ vous n'avez pas étudié, n'est-ce pas ?

☞ On constate que la forme neutre verbale qui précède −でしょう peut être a-temporelle, perfective, affirmative ou négative.

Les spécificatifs numéraux

En japonais, comme dans un certain nombre de langues du sud-est asiatique, le chinois et le coréen notamment, on ne compte pas de la même manière suivant la catégorie à laquelle appartiennent les objets comptés.
Ainsi on ne compte pas des personnes comme des animaux ou des pommes, des crayons comme des tranches de jambon ou des voitures.
Il va donc falloir retenir un certain nombre de « **spécificatifs numéraux** » : ce sont de petits éléments, qui tiennent en général en un kanji, se placent après l'indication du nombre et donne une idée du genre de choses que l'on compte.
→ Ainsi, il existe un spécificatif numéral qui indique que ce que l'on compte est long, effilé : c'est 本 (ほん)
donc pour compter des crayons, ... ou des poteaux téléphoniques ou des concombres, nous dirons
一本 いっぽん ; 二本 にほん ; 三本 さんぼん : 四本 よんほん etc..
L'interrogatif correspondant est : 何本　なんぼん
→ S'il s'agit de compter des objets compacts, on utilise : 個 (こ)
Donc pour compter des pommes, des paquets, des bonbons ou des ballons, nous dirons
一個 いっこ ; 二個 にこ ; 三個 さんこ ; 四個 よんこ etc...

L'interrogatif correspondant est : 何個　なんこ
→ S'il s'agit de personnes, nous utiliserons 人 (attention lecture variable !)
et nous dirons
一人　**ひとり**　二人　**ふたり**　三人　さんにん　四人　よにん　etc..
L'interrogatif correspondant est: 何人　なんにん

Pour retenir quelques autres spécificatifs numéraux, nous nous reporterons au tableau, p90-91, en faisant bien attention aux lectures un peu particulières qui se rencontrent parfois.

Construction de la phrase contenant un nombre
Une fois que les spécificatifs numéraux sont retenus, il faut encore les utiliser correctement.
Une des règles de base est <u>qu'il n'y a pas de particule fonctionnelle entre le spécificatif numéral et le verbe</u>. La phrase se construit de la manière suivante :
* Hanako a 3 crayons → はなこさんはえんぴつを**三本**もっています。
　　　　　　　　　　objets comptés　　　　　　　　　verbe
　　　　　　　　　　　　　　　　　　nombre

<u>Ce que l'on compte apparaît avant l'indication du nombre</u> dans la phrase et la particule fonctionnelle suit cet objet. Le nombre vient ensuite et il est directement suivi du mot verbal.

Pour poser la question, on utilisera le même système, en composant un interrogatif à partir de 何 (なん) + spécificatif numéral :
* Combien de crayons Hanako a-t-elle ? →
　　　　　　はなこさんはえんぴつを**何本**もっていますか。
　　　　　　　objets comptés　　　　　　　　verbe
　　　　　　　question sur le nombre (なんぼん)

On pourra faire suivre l'indication du nombre, avec son spécificatif numéral, de la particule の pour fabriquer un long déterminant « chiffré ».
* 二匹のねこが来ました。　→　Deux chats sont venus。
* 田中さんの二台のくるまはしろいです。　→　Les deux voitures de
　　　Thème de la phrase　　　Monsieur Tanaka sont blanches.
Noter la différence par rapport à
* 田中さんは白いくるまを二台もっています。　→　Monsieur Tanaka
　　　Thème de la phrase　　　　　　　a deux voitures blanches.

Fiche Grammaire -9-

Quelques spécificatifs numéraux

	一	二	三	四	五
本 ほん	いっぽん	にほん	さんぼん	よんほん	ごほん
足 そく	いっそく	にそく	さんぞく	よんそく	ごそく
台 だい	いちだい	にだい	さんだい	よんだい	ごだい
羽 わ	いちわ	にわ	さんば	よんわ	ごわ
匹 ひき	いっぴき	にひき	さんびき	よんひき	ごひき
杯 はい	いっぱい	にはい	さんばい	よんはい	ごはい
個 こ	いっこ	にこ	さんこ	よんこ	ごこ
冊 さつ	いっさつ	にさつ	さんさつ	よんさつ	ごさつ
枚 まい	いちまい	にまい	さんまい	よんまい	ごまい
人 にん	ひとり	ふたり	さんにん	よにん	ごにん
通 つう	いっつう	につう	さんつう	よんつう	ごつう
頭 とう	いっとう	にとう	さんとう	よんとう	ごとう
名 めい	いちめい	にめい	さんめい	よんめい	ごめい
軒 けん	いっけん	にけん	さんけん	よんけん	ごけん
💣*Autres lectures possibles	一羽 いっぱ 八匹 はちひき 十本 じっぽん	七羽 しちわ 七人 しちにん 十冊 じっさつ		八羽 はちわ 九人 くにん 十通 じっつう	
年 ねん	いちねん	にねん	さんねん	よねん	ごねん
月 がつ	いちがつ	にがつ	さんがつ	しがつ	ごがつ
ヶ月 かげつ	いっかげつ	にかげつ	さんかげつ	よんかげつ	ごかげつ
週間 しゅうかん	いっしゅうかん	にしゅうかん	さんしゅうかん	よんしゅうかん	ごしゅうかん
時間 じかん	いちじかん	にじかん	さんじかん	よじかん	ごじかん
分 ふん	いっぷん	にふん	さんぷん	よんぷん	ごふん
日 にち/か	いちにち	ふつか	みっか	よっか	いつか

六	七	八	九	十	
ろっぽん	ななほん	はっぽん	きゅうほん	じゅっぽん	
ろくそく	ななそく	はっそく	きゅうそく	じゅっそく	Chaussures, chaussettes
ろくだい	ななだい	はちだい	きゅうだい	じゅうだい	
ろっぱ	ななわ	はっぱ	きゅうわ	じゅっぱ	
ろっぴき	ななひき	はっぴき	きゅうひき	じゅっぴき	
ろっぱい	ななはい	はっぱい	きゅうはい	じゅっぱい	
ろっこ	ななこ	はっこ	きゅうこ	じゅっこ	
ろくさつ	ななさつ	はっさつ	きゅうさつ	じゅっさつ	
ろくまい	ななまい	はちまい	きゅうまい	じゅうまい	
ろくにん	ななにん	はちにん	きゅうにん	じゅうにん	
ろくつう	ななつう	はっつう	きゅうつう	じゅっつう	
ろくとう	ななとう	はっとう	きゅうとう	じゅっとう	Gros animaux
ろくめい	ななめい	はちめい	きゅうめい	じゅうめい	
ろっけん	ななけん	はっけん	きゅうけん	じゅっけん	

La partie inférieure du tableau présente quelques exemples d'indications de temps : 年　月　週間　時間　分　日 ne sont pas des spécificatifs numéraux.

ろくねん	ななねん	はちねん	きゅうねん	じゅうねん	
ろくがつ	しちがつ	はちがつ	くがつ	じゅうがつ	Autres lectures 七時間 ななじかん 七年 しちねん 一日 ついたち
ろっかげつ	ななかげつ	はちかげつ	きゅうかげつ	じゅっかげつ	
ろくしゅうかん	ななしゅうかん	はっしゅうかん	きゅうしゅうかん	じゅうしゅうかん	
ろくじかん	しちじかん	はちじかん	くじかん	じゅうじかん	
ろっぷん	ななふん	はっぷん	きゅうふん	じゅっぷん	
むいか	なのか	ようか	ここのか	とおか	

Exercices -9-

① Former les phrases à partir des éléments donnés
1 - 家に ねこ 1 いる
2 - げんかん に スリッパ 2 ある
3 - にわに 木 3 たつ
4 - スーパーで サラダ 1 かう
5 - 本だな (ほんだな l'étagère) に 本 20 ならんでいる (être rangé)
6 - 木の上に ことり 5 いる
7 - 肉屋さんで (にくやさん le boucher) ハム 3 かう
8 - 父は 車 2 もっている
9 - 母は せんたくき (せんたくき : la machine à laver) 1 もっている
10 - 母は 子ども 3 いる

② Transformer les phrases suivantes pour donner une notion d'incertitude (c'est le verbe souligné qui porte l'incertitude)
1 - ゆうじくんは学校に来ていません。 びょう気です。ねつが<u>出ました</u>。 (ねつ fièvre)
2 - いいお天気だから、プールに<u>行きます</u>。そしてバーベキューを<u>します</u>。
3 - よくべんきょうしました。きょうのしけんはうまく<u>行きます</u>。
(うまく行く ça va aller)
4 - そらはまっしろです。きょうは雪が<u>ふりますね</u>。
(まっしろ tout blanc)
5 - 今は休みだから、山へ行って、長いさんぽを<u>します</u>。

③ Mettre à la forme perfective
1 - ケーキはおいしいです。
2 - そらは青くて、きれいです。
3 - ねこは小さくて、かわいいです。
4 - えいがは長いです。
5 - 木はたかいです。
6 - えんそくは楽しいです。
7 - パーティはいいですね。
8 - しゅくだいはやさしいです。

④　Traduire en japonais
1 - Dans le jardin, il y a trois arbres et 20 roses (la rose : ばら)
2 - Chez moi, il n'y a pas de chien. Il n'y a qu'un poisson rouge. (le poisson rouge : きんぎょ)
3 - Maman fait une robe pour Akiko. Elle devrait être prête pour la fête de samedi. Il n'y aura que des enfants. Ils s'amuseront bien.
4 - Nous avons acheté des pommes et des fraises. Ce n'était pas cher, mais c'était très bon. (la fraise : いちご)
5 – Il n'a pas l'air de faire froid aujourd'hui. Il a l'air de faire doux. Les enfants dehors ne portent qu'un pull. Et puis le chat dors agréablement à l'extérieur de la fenêtre. (attention : ça *a l'air* d'être agréable pour lui !)

Les questions du まねきねこ
1. 秋子さんはどこからかえっていますか。
2. 秋子さんはどうしてびっくりしますか。
3. やきとりは何本ありますか。
4. お母さんはどうしてやきとりをつくったのでしょうか。
5. お母さんはどうしてやおやさんに行きますか。
6. 秋子さんはどうしてお母さんといっしょに行きますか。
7. やおやさんでお母さんはたかいお金をはらいますか。
8. うちへかえって、秋子さんはすぐ勉強をしますか。どうしてですか。
9. 秋子さんのお父さんははやくうちにかえりますか。
10. あなたははやくうちにかえりますか。何時にかえりますか。
11. あなたがうちへかえって、すぐべんきょうしますか。どうしてですか。
12. 秋子さんは何時に食事をしますか。

日本人の休み

　日本人の休みはフランス人の休みとちがいます。

　フランス人は一年に二・三回の一週間以上の休みをとります。日本人は一年に何回かのみじかい休みをとります。ヨーロッパにいる日本人はヨーロッパ人とおなじ休みをとります。

　日本は祝日が多いから、一年にたくさんのみじかい休みがある国です。

　四月のおわりに「ゴールデン・ウィーク」という一週間の休みがあるから、日本人はかぞくといっしょにどこかへ行きます。何時間かでんしゃにのって、海や山や、どこかのかんこうちへ行きます。おんせんや、さかなをおいしく食べるところや、れきしのあるところなどへ行きます。ヨーロッパやアメリカというすう千キロのところにある国まで行く人もいます。

京都　伏見稲荷

　学校の長い休みは三月と八月です。アルバイトをして、十分なお金をためた大学生は三月に何人かの友だちでグループをつくって、ヨーロッパやアメリカへりょこうします。お正月の時の休みは二・三日、山に行って、スキーをします。しかし、やはり、三月や八月の外国りょこうを一番楽しんでいますね。

中学校と高校では三月と秋はしゅうがくりょこうをする時です。フランスに住んでいる大学生はどうでしょうか。

　ところで、「ヴァカンス」という長い休みがあるフランス人は休みの間に何をするのでしょうか。たいくつするのではないでしょうか。

94

一回 いっかい : une fois
一週間 いっしゅうかん :
 une semaine
ヨーロッパ : l'Europe
祝日 しゅくじつ : le jour férié
おわり : la fin
電車 でんしゃ : le train
観光 かんこう : le tourisme
観光地 かんこうち : le lieu de villégiature, le lieu touristique
温泉 おんせん : la source chaude
ところ : l'endroit, le lieu
れきし : l'histoire (historique)
キロ : le kilomètre
アルバイト : le petit boulot, le travail d'appoint
お金 おかね : l'argent
大学生 だいがくせい : l'étudiant
グループ : le groupe
旅行 りょこう : le voyage
外国 がいこく : le pays étranger
外国旅行 がいこくりょこう : le voyage à l'étranger
高校 こうこう : le lycée
修学旅行 しゅうがくりょこう : le voyage scolaire

(と)ちがう : être différent (de)
とる : prendre
のる : monter dans (prendre) un véhicule (に : dans)
ためる : accumuler, économiser
わたる : traverser, faire la traversée
(を)楽しむ たのしむ : prendre du plaisir à, savourer
すむ : habiter

みじかい : court, bref
おなじ : pareil, semblable
おおい : nombreux
en fonction déterminante → おおくの
長い ながい : long
十分(な) じゅうぶんな : suffisant

一年に一回 いちねんにいっかい : une fois par an
以上 いじょう : au moins
数千キロ すうせんきろ : plusieurs milliers de kilomètres
やはり : effectivement
一番 いちばん + m.q. : le plus + adj
ところで : au fait, à propos

何回か なんかいか : plusieurs fois
どこか : quelque part
何時間か なんじかんか : plusieurs heures
何人か なんにんか : plusieurs personnes
どう : comment

Vocabulaire texte 10

Fiche Grammaire -10-

La phrase complexe : la proposition déterminante

La proposition déterminante est ce qui va nous permettre d'ajouter des précisions à un nom, comme une proposition relative, en français, vient ajouter des précisions sur le nom qui est l'antécédent du pronom relatif.
En japonais il n'y a pas de pronom relatif, et comme nous savons que ce qui détermine vient toujours avant ce qui est déterminé, on va devoir énoncer la proposition déterminante directement avant le nom qui sera déterminé par cette proposition.
Enfin, cette proposition déterminante contient nécessairement un verbe qui sera à la fin de la proposition, bien sûr, et que nous devrons mettre à une forme neutre pour que le tout puisse être déterminant.
On obtient donc le schéma :

> Proposition déterminante (verbe forme neutre)+ nom déterminé

Et le nom déterminé est suivi tout normalement de la particule qui lui attribue sa fonction dans la phrase.

* La montagne est loin. → 山はとおいです。
  La montagne où nous allons est loin.
  　　　　　　　Précision qui s'ajoute à « montagne » :
  　　　　　　　　　　　　　　　私たちが行く
  　→ **私たちが行く**山はとおいです。
  　　　　　　　　　　　=proposition déterminante

💡 Quand on parle de proposition déterminante japonaise correspondant à des propositions relatives en français, il faut tenir compte de toutes les sortes de propositions relatives, y compris celles qui sont introduites par les pronoms relatifs composés comme lequel, à laquelle, par lequel…

* La balle est rouge. → ボールはあかいです。
  La balle avec laquelle le chien joue est rouge.
  　　　　　　　　Précision sur « la balle » : 犬があそぶ
  　　　　　　　　　　→ **犬があそぶ**ボールはあかいです。

* L'ami habite à Nagoya. → 友(とも)だちは名古屋(なごや)に住んでいます。
  L'ami auquel j'écris habite à Nagoya.
  　　　　　　　Précision sur « ami » : 私が手紙(てがみ)を書(か)いている
  → **私が手紙を書いている**友だちは名古屋に住んでいます。

96

💣 Quand on dit que le verbe de la proposition déterminante est à la forme neutre, cela implique qu'il pourra être à la forme neutre a-temporelle (forme du dictionnaire), mais aussi, bien sûr, à la forme neutre perfective, ou à la forme négative neutre, a-temporelle ou perfective aussi.

❀ C'est une robe. → これはドレスです。
C'est la robe que j'ai achetée hier.
　　　　　　　↘ Précision sur la « robe » : きのう買った
　　　　　　　　→ **きのう買った**ドレスです。

❀ Le voyage était agréable. → りょこうは楽しかったです。
Le voyage que nous avons fait pendant les vacances était agréable.
　　　　　↖Précision sur « voyage » : 私たちが休みの間にした
　　→ **私たちが休みの間にした**りょこうは楽しかったです。

❀ Les enfants ne grandissent pas. → 子どもは大きくなりません。
Les enfants qui ne mangent pas bien ne grandissent pas.
　　　　　　↖ Précision sur « enfants » : よく食べない
　　　　　　→ **よく食べない**子どもは大きくなりません。

❀ Les élèves iront quelque part cet été.
　　　　　　　→生徒は今年の夏にどこかへ行くでしょう。
Les élèves qui ne sont pas allés au Japon l'an dernier iront quelque part cet été.
　　　　　　　　　　↘
　　　Précision sur « élèves » :去年日本に行かなかった
→ **去年日本に行かなかった**生徒は今年の夏にどこかへ行くでしょう。

💣　Le sujet du verbe de la proposition déterminante n'étant pas le thème général de l'ensemble de la phrase, il est en général suivi de la particule が.

と : différents usages

Nous connaissons déjà l'utilisation de と comme particule servant à relier deux noms, dans le sens de la conjonction de coordination « et » ou de « avec ».
Il existe aussi des expressions dans lesquelles nous avons trouvé la particule と, bien que le sens de « et » ou « avec » soit parfois moins évident :

→ **avec いっしょ** (ensemble)
● 友だち**と**いっしょに学校に行きます。 → je vais à l'école avec mon ami.
● 友だち**と**いっしょの旅行(りょこう) → un voyage en compagnie de mes amis

→ **avec 同(おな)じ** (semblable, même)
● 秋子さん**と**同じセーターを着(き)ています。 → je porte le même pull qu'Akiko :
● 山田先生は田中さん**と**同じ町(まち)で生(う)まれました。 → Le professeur Yamada est né dans la même ville que Monsieur Tanaka.

→ **avec ちがう** (être différent)
● 日本の休みはフランスの休み**と**ちがいます。 → Les vacances japonaises sont différentes des vacances françaises.
● それは私が言ったこと**と**ちがいます。 → C'est différent de ce que j'ai dit.

Mais il existe aussi une autre catégorie de と : c'est le と qu'on appelle « **と de citation** ».
Il s'emploie avec un verbe de citation, c'est à dire un verbe qui sert à rapporter les paroles ou les pensées de quelqu'un.
La structure sera alors :

> Contenu de la pensée/des paroles + と + verbe de citation

Parmi les verbes dits « de citation », on peut sélectionner :
言(い)う (dire) ; 思(おも)う (penser) ; 考(かんが)える (penser, réfléchir) ; さけぶ (crier) ; 発表(はっぴょう)する (exposer) ; 書(か)く (écrire) ; こたえる (répondre) ; 聞(き)く (demander, poser une question) ; たのむ (demander, faire une requête) ; 説明(せつめい)する (expliquer) ; おしえる (enseigner, apprendre)...

Ce と ressemble au « que » qui sert à introduire le style indirect en français, ou aux [: « .. »] qui introduisent le style direct. De ce fait on pourra considérer deux cas de figure, suivant qu'on souhaite transcrire un style direct ou un style indirect.

☞ Si on transmet les paroles de quelqu'un en style direct, la partie de la phrase contenant les paroles sera telle quelle, le verbe restera à la forme en –ます ou -です, mais on mettra ce passage entre deux crochets 「…」 :
● その時に、秋子さんは「あした仙台へ行きますよ」と言いました。
→ A ce moment-là, Akiko dit : « Demain j'irai à Sendai ! ».
● 「五階でございます。」とエレベーターのお姉さんがやさしい声で説明しました。
→ « Cinquième étage ! » dit la jeune fille de l'ascenseur d'une voix douce.

☞ Si on transmet au style indirect les paroles ou la pensée d'autrui (ou de soi-même), le verbe de la portion de phrase qui contient les paroles ou la pensée sera à la forme neutre (dictionnaire, perfective, affirmative, négative, conjecturale…). Il n'y a alors pas de crochet.
● 秋子さんがもうお家へかえったと思います。 → Je pense qu'Akiko est déjà rentrée chez elle.
● 先生は今年の試験の結果がよくなったと発表しました。 → Le professeur a déclaré que les résultats aux examens de cette année s'étaient améliorés.

💣 Si la portion de phrase contenant les paroles ou la pensée se termine par un qualificatif +です, il faut faire comme quand on utilise le から de la cause :
→ Si le qualificatif est variable, on supprime tout simplement です.
● 今日の映画はおもしろいと友だちが言っています。 → mon ami dit que le film d'aujourd'hui est intéressant.

→ Si le qualificatif est invariable, on remplace です par だ
● 先生はあの作家が有名だとおしえました。 → Le professeur nous a enseigné que cet écrivain était célèbre.

De même, si la portion de phrase relatant les paroles ou la pensée se termine par un nom + です, dans la proposition précédant と on remplacera です par だ.
● 兄は幸男くんが友だちだと言っています。 → Mon frère dit que Yukio est un ami.

● お盆は死んだ人のまつりだと日本語の先生が説明しました。
→ Le professeur de japonais nous a expliqué que o.Bon est la Fête des Morts.

La construction : mot interrogatif + か

A partir de la plupart des mots interrogatifs on peut obtenir la notion de « un certain nombre de », « un certain... », en ajoutant か après le mot interrogatif.

- どこ(où ?) → どこか(quelque part)
- いつ(quand ?) → いつか(un jour, un certain moment)
- 何人(combien de personnes ?) → 何人か (un certain nombre de personnes)
- いくつ (combien ?) → いくつか (un certain nombre de)
- だれ(qui ?) → だれか (quelqu'un)
- どれ(lequel ?) → どれか (l'un d'eux, un certain ...)
- 何回(combien de fois ?) → 何回か(un certain nombre de fois)
- 何時間(combien d'heures ?) → 何時間か(un certain nombre d'heures)

Cet ensemble mot interrogatif + か est éventuellement suivi de la particule appropriée.

● 今日は**何人か**の学生は病気で学校を休みました。→ Aujourd'hui un certain nombre d'élèves étaient malades et ont manqué l'école.
● 去年は**何回か**日本へ行きました。→ L'an dernier je suis allé plusieurs fois au Japon.
● 手紙を**だれか**にあげました。→ J'ai donné la lettre à quelqu'un.

☞ On peut noter au passage que si, au lieu de faire suivre le mot interrogatif de か, on le fait suivre de も + négation, on obtiendra la notion inverse : pas du tout, jamais...
Dans ce cas si une particule autre que は, が ou も est nécessaire en fonction du verbe utilisé, cette particule se placera entre le mot interrogatif et も.

● 休みの間は**どこ**にも行きません。→ Je ne vais nulle part pendant les vacances.
● **だれ**もこたえませんでした。→ Personne n'a répondu.

100

* プレゼントを**だれ**からももらっていません。 → Je n'ai eu de cadeau de la part de personne.
* **何回も**来ていません。 → Il n'est pas venu plusieurs fois (sous entendu : il n'est venu qu'une seule fois)

La notion de distance

En japonais, pour exprimer qu'un lieu se situe à une distance X d'un point de référence, on utilisera la tournure

> indication de distance + (の ou verbe)ところ+ particule appropriée ou de temps

* 家は地下鉄の駅から 100 メートル**のところ**にあります。
→ Ma maison est à 100 m de la station de métro. (littéralement : ma maison se trouve à un endroit situé à 100 m depuis la station de métro)
* ここから 5 分歩いた**ところ**にきれいな公園があります。
→ A 5 minutes à pied d'ici, il y a un joli parc.
* もう一時間ねむっていた**ところ**でベールが鳴りました。
→ Alors que je dormais depuis une heure déjà, la sonnette a retenti. (littéralement : à l'*endroit* situé à une heure depuis mon assoupissement, la sonnette s'est fait entendre)

Exercices 10

① Reconstruire les phrases pour que celle qui est entre parenthèses détermine le mot souligné.
1. <u>子ども</u>が10さいになります。(いえのまえにたっています)
2. <u>犬</u>はプチです。(ゆうじさんとあそんでいます)
3. <u>友</u>だちは病気です。(学校に行きません)
4. <u>レタス</u>は大きいです。(お母さんがかいます) (レタス : laitue)
5. <u>へや</u>はきょうしつです。(学校でべんきょうします)

② Cette fois le mot déterminé n'est plus souligné, il faut le choisir, et la phrase déterminante n'est plus entre parenthèses. Bien réfléchir à la signification pour construire une phrase qui "tienne debout".
- 友だちがあした日本へ行きます。
- 友だちが今にもつをつくっています。
  (にもつ : les bagages)

- 先生が学生をよんでいます。
- 先生は山田先生です。

- おばさんがカナダにすんでいます。
- 私はおばさんがいます。(おばさん : la tante)

- チャンは私の友だちです。
- チャンは中国から来ています。

- やぐるまはこいのぼりの一番上にあります。
- やぐるまはひかっています。(ひかる : briller)

③ Répondre aux questions en indiquant une notion d'imprécision (un certain nombre, quelques ...)
1. きょうしつには学生が何人いますか。
2. お母さんはどこに行っていますか。
3. ゆうじさんはいつ来るのですか。
4. ねこはさかなを何びき食べましたか。
5. 休みの間、本を何さつよみましたか。
6. バスを何分まっていますか。(まつ : attendre)
7. くるまは何だいありますか。
8. おさけを何本のみましたか。(おさけ : le saké)

9. 友だちは何人来ますか。
10. ケーキをいくつかいましたか。(いくつ: combien)

④ Exercice sur と : traduire les phrases en japonais.

1. Akiko habite dans la même ville que Saori.
2. Le pull de Naoki est identique à celui de Yasushi.
3. Naomi dit que sa petite sœur est malade.
4. Nous pensons que le Japon est un pays intéressant.
5. Ton livre est différent du mien.
6. Il a dit que sa maison était à 100 mètres de la gare.
7. Les petites fêtes en compagnie des amis sont bien agréables.
8. Mon grand frère a répondu à mon père qu'il allait travailler dorénavant.
9. Je pensais que le restaurant était à 5 minutes d'ici.
10. Il dit que le voyage qu'il a fait en compagnie de sa sœur était agréable.

⑤ Traduire en japonais

Les enfants qui jouent devant la maison viennent du Japon. Les quelques bagages qui sont dans le jardin sont les bagages de ces enfants. Ce sont des enfants qui apprennent le français depuis l'âge de 10 ans. Ils viennent d'une école japonaise, font un voyage de fin d'études de quelques semaines. C'est pour cette raison qu'ils sont en France depuis lundi. Ils attendent le bus qui va jusqu'à la mer. Ils restent quelques jours ici et ils iront à la montagne. Leur voyage qui passe par quelques villes de France se terminera le 30 mars.
(passer par : を　とおる)

Les questions du まねきねこ
1. 日本人の休みとフランス人の休みは同じですか。
2. 日本人は年に2・3回の休みをとりますか。
3. 日本の長い休みはいつですか。
4. 日本人はどうして年にいくつかのみじかい休みをとりますか。
5. 休みの時に行くところを日本人はどのようにきめますか。
6. フランス人はどのように休みに行くところをきめますか。
7. 日本の大学生の休みはどうですか。
8. 日本の大学生はお金をたくさんもっていますか。

9. お正月に大学生は何をしますか。
10. 学校のしゅうがく旅行はいつですか。
11. フランスの学校にもしゅうがく旅行がありますか。説明してください。
12. 温泉は何ですか。フランスにもありますか。
13. ヨーロッパに住んでいる日本人の休みはどうですか。
14. 日本に住んでいるフランス人の休みはどうだと思いますか。
15. ヴァカンスの時に、あなたは何をしますか。

きめる : décider, déterminer
どのように : de quelle manière

TEXTES COMPLEMENTAIRES

Textes d'auteurs japonais

ごんぎつねのはなし

むかしは、わたしたちの村の近くの、中山というところに、小さなお城があって、中山さまというおとのさまがいました。

その中山から、すこしはなれた山の中に、「ごんぎつね」というきつねがいました。ごんは、一人ぼっちの子ぎつねで、しだのいっぱいしげった森のなかに、あなをほってすんでいました。そして、夜でも、昼でも、あたりの村へ出てきて、いたずらばかりしました。

(...)

ある秋のことでした。二、三日雨がふりました。ごんは、外へも出られませんでした。あなの中にしゃがんでいました。雨があがりました。ごんは、ほっとしてあなからはい出ました。空はからっとはれていて、もずの声がきんきんひびいていました。ごんは、村の小川のつつみまで出て来ました。あたりの、すすきのほには、まだ雨のしずくが光っていました。川はいつもは水がすくないのですが、三日もの雨で、水がどっと増していました。ただのときは水につからない、川べりのすすきや、はぎのかぶが、きいろくにごった水によこたおしになって、もまれています。ごんは川下のほうへとぬかるみ道をあるいて行きました。

adapté de 新美南吉『ごんぎつね』

はなし : l'histoire
きつね : le renard
むかし : autrefois
村 むら : le village
近い ちかい : proche
近くの ちかくの : proche
ところ : le lieu, l'endroit
お城 おしろ : le château
おとのさま : le seigneur
すこし : un peu
はなれる : s'éloigner
ごんぎつね : Gon le renard
一人ぼっち ひとりぼっち : tout seul
子ぎつね こぎつね : le renardeau
しだ : la fougère
いっぱい : beaucoup de,
しげる : foisonner
あな : le trou
ほる : creuser
すむ : habiter
夜 よる : la nuit
昼 ひる : le jour
あたり : les environs
いたずら : les bêtises
ばかり : ne ... que
ある : un certain
出られる でられる : pouvoir sortir
しゃがむ : s'accroupir
雨があがる あめがあがる : la pluie cesse
ほっとする : être soulagé
はい出る はいでる : sortir à quatre pattes
空 そら : le ciel
からっとはれる : s'éclaircir pour de bon

はれる : s'éclaircir
もず : la pie-grièche
声 こえ : la voix, le cri
きんきんひびく : résonner clairement
ひびく : résonner, vibrer
つつみ : la digue, la levée
すすき : l'herbe de la pampa
ほ : l'épi
まだ (+ affirmation) : encore
しずく : la gouttelette
いつも : toujours
すくない : peu important, en petite quantité
川の水がどっと増す かわのみずがどっとます : la rivière gonfle
ただの : juste un..., tout juste ...
つかる : se plonger dans
川べり かわべり : la berge
はぎ : le lespedeza (herbe qui pousse au bord des étangs et des rivières)
かぶ : le pied (d'une plante)
きいろい : jaune
にごる : se troubler (l'eau)
よこたおし : tombé sur le côté
もまれる : être brassé
川しも かわしも : l'aval de la rivière
ほう : la direction
ぬかるみ : le bourbier
ぬかるみ道 ぬかるみみち : le chemin boueux

あるく : marcher

Texte complémentaire -2-

ひとり・ふたり・さんにん

ひとりの子どもは何をかんがえてるか分からない
ふたりの子どもはけんかする
さんにんの子どもは積木をつむ

ひとつの口はすすり泣く
ふたつの口はキスのまね
みっつの口は歌を歌う

ふたつの耳は風を聞く
よっつの耳はひそひそばなし
むっつの耳は地球のアンテナ

ふたつの眼はママを見る
よっつの眼はみつめあう
むっつの眼は未来へ向けられる

二本の腕は穴を掘る
四本の腕はひっぱりっこ
六本の腕は一人のおとなをもち上げる

谷川俊太郎　『どきん』より

かんがえる : penser, réfléchir
けんかする : se disputer
積木 つみき : le jeu de construction en bois
つむ : empiler
すすり泣く すすりなく : sangloter
キス : le baiser
まねする : faire comme si, faire semblant
ひそひそばなし : les petits secrets
地球 ちきゅう : la terre; le globe terrestre
アンテナ : l'antenne
眼 め : l'œil
みつめる : regarder fixement

みつめあう : se regarder droit dans les yeux
未来 みらい : l'avenir
向ける むける : se tourner vers
向けられる : pouvoir se tourner vers
腕 うで : le bras
穴 あな : le trou
掘る ほる : creuser
ひっぱる : tirer sur
ひっぱりっこ : jeu de corde que deux équipes tirent chacune de leur côté
大人 おとな : un adulte
もち上げる もちあげる : porter, supporter

Vocabulaire Texte Complémentaire -2-

Texte complémentaire -3-

あくび

谷川俊太郎(たにかわしゅんたろう)

『どきん』より

ぼくは四十きみは十
としは少しはなれているけど
おんなじ時代のおんなじ国に
ぐうぜんいっしょに生きている

ぼくは四十きみは十
ならった教科書は少しちがうが
むかしもいまも地球はまわって
朝がくればおはようなのさ
大臣がなんどかわろうが
うそつきはやっぱりいやだな
子犬はやっぱりかわいいな

やがてきみは四十ぼくは七十
その時も空が青いといいんだが
いっしょにあくびができるように

Vocabulaire Texte complémentaire -3-

ぼく : je (langage masculin, familier)
きみ : tu, toi (familier)
あくび : le baillement
はなれる : s'éloigner
おんなじ=おなじ : pareil
時代 じだい : l'époque
国 くに : le pays
ぐうぜん : par hasard
生きる いきる : vivre
ならう : apprendre
教科書 きょうかしょ : le manuel

むかし : autrefois
地球 ちきゅう : la Terre
まわる : tourner
大臣 だいじん : le ministre
かわる : changer
うそつき : le menteur
やっぱり : effectivement
いや : qui ne plaît pas
やがて : finalement

110

子どものはなし

わたしは、いなかの町で小学校にあがりましたが、よわむしの、うちべんけいでした。

学校で、休み時間には、ひとりで、ろくぼくによりかかって、ほかの子たちが、すもうをとったり、おにごっこをしてあそぶのを、ぼんやりと見ていました。

うちべんけいですから、学校からうちにかえると、きゅうに、元気(げんき)になりました。そして、わたしも、男の子でしたから、お正月には、たこあげをしたり、たけうまにのったり、夏(なつ)は、とんぼつりをしてあそびました。

わたしの家から、はたけを一つこしたむこうに、わらぶきやねのおひゃくしょうの家があって、そこに、くまちゃんという男の子がいました。その子と、ときどき、いっしょにあそびましたが、くまちゃんは名まえのとおり、いろがまっ黒(くろ)けのちびすけで、わたしより一つ年下の、来年、学校にあがる子でした。

くまちゃんは、たこあげもとんぼつりも、わたしよりじょうずでしたが、らんぼうな子でした。(…)

それで、わたしは、くまちゃんよりも、おそばやのうたちゃんや、せとものやのきみちゃんなど、きんじょの女の子たちと、あそぶほうがすきでした。

女の子のあそびは、ままごとです。女の子たちはわたしの家のにわにあつまってきて、ござをしいてすわり、木の葉をちぎったごはんに、赤(あか)いからすうりのみや、へびいちごをおかずにして、ままごとをしました。男の子では、わたしだけがなかまです。

Adapté de 関英雄(せきひでお) 『ねことかたな』

Vocabulaire Texte complémentaire -4-

いなか : la campagne
あがる : monter, passer dans la classe supérieure
よわむし : le poltron, la poule mouillée
うちべんけい : fanfaron à la maison et timide au dehors
ろくぼく : l'espalier, l'échelle de gymnastique
よりかかる : se pendre
すもうをとる : lutter
おにごっこをする : se faire peur
ぼんやりと : nonchalamment
きゅうに : brusquement
たけうま : l'échasse
とんぼつり : la chasse aux libellules
はたけ : le champs
こす : passer de l'autre côté
わらぶきやね : le toit en chaume
おひゃくしょう : le paysan
(の)とおり : tel que

まっ黒け まっくろけ : tout noir
ちびすけ : un petit gabarit
じょうず : doué, bon
らんぼう(な) : violent
おそばや : le marchand de nouilles de sarrasin
せとものや : le marchand de vaisselle
きんじょ : le quartier
ままごと : la dînette
ござをしく : étendre une natte de jonc
すわる : s'asseoir (sur les genoux)
ちぎる : déchiqueter
からすうり : sorte de melon
み : le fruit
へびいちご : sorte de rose sauvage à fleurs jaunes et fruit rouge
おかず : plat accompagnant le riz
なかま : le compagnon

KANJI

音読み	漢字	訓読み	熟語
ボク / モク	木	き (こ)	木切れ　きぎれ : morceau de bois 木苺　きいちご : framboise 木馬　モクバ : cheval de bois, cheval à bascule 木造の　モクゾウの : construit en bois (maison..)
arbre			一 十 才 木
セン	川	かわ	川口　かわぐち : embouchure 小川　おがわ : ruisseau / Ogawa (nom propre) 中川　なかがわ : Nakagawa (nom propre)
rivière			))I 川
ニン / ジン	人	ひと	人々　ひとびと : les gens 人間　ニンゲン : homme, être humain 日本人　ニホンジン : Japonais (habitant du Japon) 人物　ジンブツ : personnage
homme, être humain			ノ 人
モク	目	め	目立つ　めだつ : sortir du lot, se faire remarquer 目的　モクテキ : objectif, but 目玉　めだま : œil, globe oculaire 目玉やき　めだまやき : œuf au plat
oeil			丨 冂 冃 目 目
ニチ / ジツ	日	か / ひ / び	一日　イチニチ : un jour →　ついたち : le 1er du mois 日本　ニホン : Japon 日仏　ニチフツ : franco-japonais 毎日　マイニチ : chaque jour, tous les jours
soleil / jour			丨 冂 冃 日

シュ	手	て	手入れ　ていれ : entretien, soin 手伝う　てつだう : aider, prêter main forte 切手　きって : timbre postal 手話　シュワ : langage des mains (langage des sourds)
	main		ノ ニ 三 手

ジ	耳	みみ	耳飾り　みみかざり : boucle d'oreille 耳をすます : prêter l'oreille, tendre l'oreille 耳鼻科　ジビカ : otorhinolaringologie, ORL (médecine du nez, de la gorge et des oreilles)
	oreille		一 丅 F F 耳 耳

(ク) コウ	口	くち	窓口　まどぐち : guichet 一口　ひとくち : une bouchée 口座　コウザ : compte (en banque) 口語　コウゴ : langue parlée
	bouche		丨 冂 口

サン	山	やま	山人　やまびと : homme de la montagne 山村　サンソン : village de montagne 山本　やまもと : Yamamoto (nom propre) 富士山　フジサン : le Mont Fuji
	montagne		丨 凵 山

デン	田	[だ] た	田舎　いなか : campagne 山田　やまだ : Yamada (nom propre) 田中　たなか : Tanaka (nom propre) 水田　スイデン : rizière inondée
	rizière		丨 冂 冂 田 田

ショウ ジョウ	上	かみ あ(げる) あ(がる) の(ぼる) うえ うわ	上着 うわぎ : veste 上手 ジョウズ : doué, bon, habile 上向く うわむく : se tourner vers le haut
dessus ; monter			丨 卜 上

カ ゲ	下	した しも さ(がる) く(だす)	下さい ください : s'il vous plaît 上下 ジョウゲ : haut et bas 下品 ゲヒン : vulgaire, qui n'a pas de classe 下手 ヘタ : maladroit, pas doué
dessous ; descendre			一 丆 下

チュウ	中	なか	中止 チュウシ : interruption 中国 チュウゴク : la Chine 中心 チュウシン : centre, milieu 一日中 イチニチジュウ : toute la journée
milieu ; dedans			丨 冂 口 中

タイ ダイ	大	おお(きい)	大人 おとな : adulte 大切 タイセツ : important 大学 ダイガク : université 大阪 おおさか : Ôsaka
grand			一 ナ 大

ショウ	小	お ちい(さい) こ	小犬 こいぬ : petit chien 小川 おがわ : ruisseau ; Ogawa (nom propre) 小切手 こぎって : chèque 小心 ショウシン : timide 小学校 ショウガッコウ : école primaire
petit			亅 小 小

ガツ ゲツ	月	つき	月末　ゲツマツ：fin de mois お正月　おショウガツ：Jour de l'An 月曜日　ゲツヨウビ：lundi 一月　イチガツ：janvier 一ヶ月　イッカゲツ：(durée d')un mois
lune → mois			ノ　几　月　月

(コ) カ	火	(ほ) ひ	火曜日　カヨウビ：mardi 花火　はなび：feu d'artifice 火山　カザン：volcan 火口　カコウ：cratère
feu			丶　ヽ　ソ　火

スイ	水	みず	水曜日　スイヨウビ：mercredi 水平　スイヘイ：horizontal 雨水　あまみず：eau de pluie 水着　みずぎ：maillot de bain
eau			亅　刀　水　水

(コン) キン	金	かね・かな	金曜日　キンヨウビ：vendredi 金魚　キンギョ：poisson rouge お金　おかね：argent, monnaie 金持ち　かねもち：riche 金具　かなぐ：pièce métallique, attache, fixation
métal ; or			ノ　八　今　今　全　余　金

ト　ド	土	つち	土曜日　ドヨウビ：samedi 土地　トチ：terrain 土手　ドテ：digue, talus
terre ; sol			一　十　土

ス シ	子	こ	子供　こども : enfant 子犬　こいぬ : chiot 子音　シイン : consonne 弟子　デシ : disciple
enfant ; fruit			フ　了　子

ニョ/ニョウ ジョ	女	おんな (め)	女子　ジョシ : fille 女王　ジョオウ : reine 女神　めがみ : déesse 女学生　ジョガクセイ : élève fille 女の人　おんなのひと : femme 女の子　おんなのこ : petite fille
femme ; fille ; féminin			く　夂　女

ナン ダン	男	おとこ	男子　ダンシ : garçon 男女　ダンジョ : hommes et femmes 長男　チョウナン : fils aîné 男の人　おとこのひと : homme 男の子　おとこのこ : petit garçon
homme ; masculin			｜　冂　冊　田　田　男　男

セイ ショウ	生	い(きる) なま うま(れる)	生き方　いきかた : manière de vivre 生魚　なまざかな : poisson cru 生年月日　セイネンガッピ : date de naissance 一生　イッショウ : toute la vie 学生　ガクセイ : étudiant 先生　センセイ : professeur ; maître 生まれる　うまれる : naître
vie ; naissance			ノ　ト　仁　牛　生

(ダイ) テイ	弟	おとうと	兄弟　キョウダイ : les frères → frères et sœurs (fratrie)
jeune frère			ヽ　ソ　ム　当　弟　弟　弟

ボ	母	はは	母国語　ボコクゴ : langue maternelle お母さん　おかあさん : maman, mère 保母　ホボ : monitrice de jardin d'enfants 母親　ははおや : mère
mère			く 口 口 母 母

フ	父	ちち	お父さん　おとうさん : papa, père 父親　ちちおや : père 父母　フボ : père et mère
père			ノ ハ ゾ 父

ケイ (キョウ)	兄	あに	お兄さん　おにいさん : grand frère (forme de politesse)
frère aîné			ヽ 口 口 尸 兄

シ	姉	あね	お姉さん　おねえさん : grande sœur (forme de politesse)
sœur aînée			く く 女 女 女 妒 姉

マイ	妹	いもうと	姉妹　シマイ : sœurs 姉妹校　シマイコウ : écoles jumelées 姉妹都市　シマイトシ : villes jumelées
jeune sœur			く く 女 女 女 妹 妹

セン	先	さき	先生 センセイ : professeur ; maître 先月 センゲツ : le mois dernier お先に おさきに : après vous, je vous en prie
précédent ; priorité			ノ 丨 ㅗ 屮 生 牛 先

キュウ	休	やす(む) やす(み)	休日 キュウジツ : jour de congé 定休日 テイキュウび : fermeture hebdomadaire (magasin) 一休み ひとやすみ : pause, repos 連休 レンキュウ : pont (suites de jours de congé)
repos			ノ 亻 仁 什 休 休

シン	心	こころ	中心 チュウシン : centre, milieu 一心に イッシンに : avec ferveur 心を込めて こころをこめて : de tout cœur, de toutes ses forces 心配 シンパイ : souci, inquiétude
coeur			ノ 八 心 心

ガク	学	まな(ぶ) まな(び)	学生 ガクセイ : étudiant 大学 ダイガク : université 学校 ガッコウ : école 学長 ガクチョウ : directeur d'école 中学校 チュウガッコウ 高校 コウコウ : lycée
apprendre ; étude			丶 丷 ⿰ ⺍ ⿱ 学 学

ジ	字	あざ	漢字 カンジ : kanji ローマ字 ローマジ : caractère romain, alphabet latin 十字 ジュウジ : croix 字体 ジタイ : police de caractère
caractère écrit ; hameau			丶 丷 宀 宀 宁 字

音読み	漢字	訓読み	熟語
ゴン / ゲン	言	こと / い(う)	一言 ひとこと : un mot 言語 ゲンゴ : langage, langue 小言 こごと : murmure, reproche 言い訳 いいわけ : prétexte 言葉 ことば : langue ; parole
mot ; dire			丶 一 ニ 三 言 言 言
ゴ	語	かた(る)	物語 ものがたり : conte, récit, dit 日本語 ニホンゴ : langue japonaise 語学 ゴガク : étude des langues 語り手 かたりて : narrateur 外国語 ガイコクゴ : langue étrangère
langue ; raconter			言 訂 訢 訝 語 語 語
モン / ブン	文	ふみ	文字 モジ : caractère écrit, lettre 文学 ブンガク : littérature 文明 ブンメイ : civilisation 作文 サクブン : rédaction, dissertation 文章 ブンショウ : phrase → texte
texte ; phrase			丶 亠 ナ 文
コク	国	くに	中国 チュウゴク : la Chine 外国 ガイコク : pays étranger 国語 コクゴ : langue nationale 国々 くにぐに : les pays 国連 コクレン : l'O.N.U.
pays			丨 冂 冂 冂 囲 国 国 国
ガイ / ゲ	外	そと / ほか / はず(す) / はず(れる)	外(国)人 ガイコクジン : personne étrangère, étranger 以外 イガイ : excepté, outre, à part 外国語 ガイコクゴ : langue étrangère 外科 ゲカ : chirurgie 外す はずす : enlever, ôter, retirer 外れる はずれる : passer à côté ; manquer une cible
extérieur ; enlever ; manquer			ノ 夕 夕 外

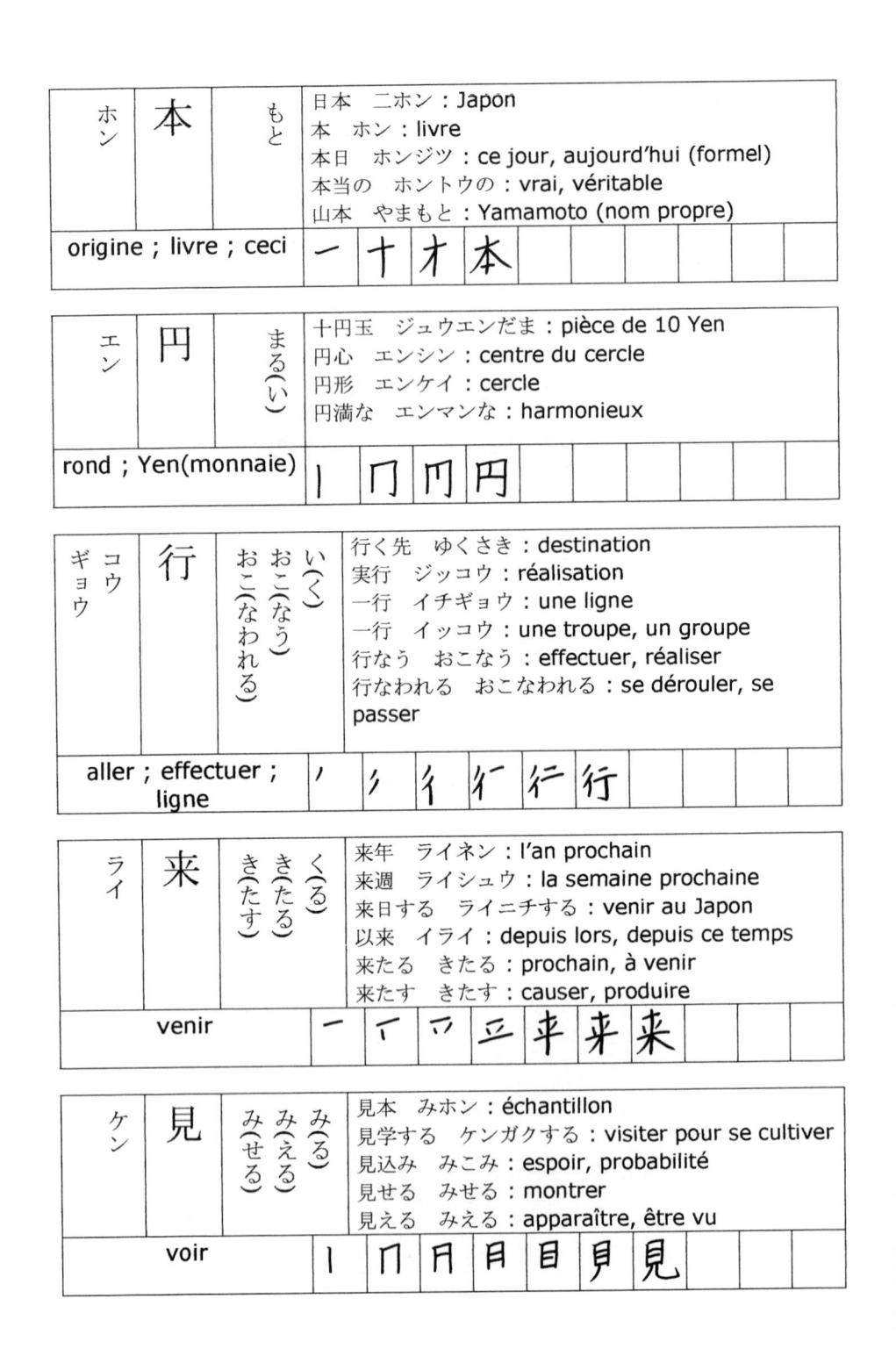

ホン	本	もと	日本 ニホン : Japon 本 ホン : livre 本日 ホンジツ : ce jour, aujourd'hui (formel) 本当の ホントウの : vrai, véritable 山本 やまもと : Yamamoto (nom propre)
origine ; livre ; ceci			一 十 才 本

エン	円	まる(い)	十円玉 ジュウエンだま : pièce de 10 Yen 円心 エンシン : centre du cercle 円形 エンケイ : cercle 円満な エンマンな : harmonieux
rond ; Yen(monnaie)			丨 冂 冂 円

ギョウ コウ	行	い(く) おこ(なう) おこ(なわれる)	行く先 ゆくさき : destination 実行 ジッコウ : réalisation 一行 イチギョウ : une ligne 一行 イッコウ : une troupe, un groupe 行なう おこなう : effectuer, réaliser 行なわれる おこなわれる : se dérouler, se passer
aller ; effectuer ; ligne			ノ ノ 彳 彳 行 行

ライ	来	く(る) き(たる) き(たす)	来年 ライネン : l'an prochain 来週 ライシュウ : la semaine prochaine 来日する ライニチする : venir au Japon 以来 イライ : depuis lors, depuis ce temps 来たる きたる : prochain, à venir 来たす きたす : causer, produire
venir			一 厂 冖 䒑 来 来 来

ケン	見	み(る) み(える) み(せる)	見本 みホン : échantillon 見学する ケンガクする : visiter pour se cultiver 見込み みこみ : espoir, probabilité 見せる みせる : montrer 見える みえる : apparaître, être vu
voir			丨 冂 冃 月 目 見 見

ジ	時	とき	時々 ときどき : de temps en temps, parfois 時間 ジカン : heure (durée), temps 時代 ジダイ : époque 時計 とケイ : montre ; horloge 一時的 イチジテキ : momentané
temps ; heure			丨 冂 日 日 日⁻ 日⁺ 旪 旹 時 時

ネン	年	とし	年下 としした : plus jeune 一年間 イチネンカン : durée d'une année 年中 ネンジュウ : toute l'année 年末 ネンマツ : fin d'année 学年 ガクネン : année scolaire
année			ノ ト ヒ 乍 乍 年

ブン フン	分	わ(かる) わ(ける)	部分 ブブン : morceau, partie 一分 イップン : une minute 五分 ゴフン : cinq minutes 分かりやすい わかりやすい : facile à comprendre 十分(な) ジュウブン : suffisant 分ける わける : partager, séparer
diviser ; fraction ; comprendre			ノ 八 分 分

コ	古	ふる(い) ふる(す)	古代 コダイ : antiquité, époque ancienne 古風 コフウ : vieillot, d'une style ancien 古本 ふるホン : livre d'occasion
ancien			一 十 古 古 古

シン	新	あたら(しい) あら(た)	新年 シンネン : nouvelle année 新入生 シンニュウセイ : étudiant nouvellement arrivé 新たに あらたに : à nouveau 新来 シンライ : nouvellement arrivé 新鮮な シンセンな : tout frais (poisson, etc..)
nouveau			丶 亠 十 立 立 辛 辛 亲 亲 新 新 新

NOMBRES

イチ / イッ / チツ	一	ひと(つ)	一日　ついたち : le premier (du mois) 一個　イッコ : un (objet compact) 一人　ひとり : une personne 一枚　イチマイ : un (objet plat) 唯一の　ユイイツの : unique
	un		一

ニ	二	ふた / ふた(つ)	二日　ふつか : le 2 du mois 二人　ふたり : deux personnes 二重　ニジュウ : double 二十　ニジュウ : vingt
	deux		一　二

サン	三	み / みっ(つ) / みつ(つ)	三日　みっか : le 3 du mois 三人　サンニン : trois personnes 三つ子　みつご : triplés 三月　みつき : durée de trois mois
	trois		一　二　三

シ	四	よ / よっ(つ) / よ / よん	四日　よっか : le 4 du mois 四月　シガツ : avril 四枚　よんマイ : quatre (objets plats) 四人　よニン : quatre personnes 四角　シカク : carré
	quatre		丨　冂　叼　四　四

ゴ	五	いつ(つ)	五日　いつか : le 5 du mois 五人　ゴニン : cinq personnes 四・五人　シゴニン : quatre-cinq personnes 五枚　ゴマイ : cinq (objets plats)
	cinq		一　丁　𠄑　五

ロク	六	む(っ) むい むっ(つ) む(つ)	六日　むいか : le 6 du mois 六人　ロクニン : six personnes 六月　ロクガツ : juin 六ヶ月　ロッカゲツ : une durée de six mois
	six		丶　亠　亣　六

シチ	七	な の なな(つ)	七日　なのか : le 7 du mois 七月　シチガツ : juillet 七才　ななさい : sept ans (âge) 七ヶ月　ななカゲツ : une durée de sept mois
	sept		一　七

ハチ	八	よう　や　やっ(つ)　や(つ)	八日　ようか : le 8 du mois 八月　ハチガツ : août お八つ　おやつ : le goûter
	huit		ノ　八

キュウ　ク	九	ここの(つ)	九日　ここのか : le 9 du mois 九月　クガツ : septembre 九ヶ月　キュウカゲツ : une durée de neuf mois 九才　キュウサイ : neuf ans (âge) 十九日　ジュウクニチ : le 19 du mois 九人　キュウニン : neuf personnes
	neuf		ノ　九

ジュウ	十	と とお	十日　とおか : le 10 du mois 十人　ジュウニン : dix personnes 十分　ジュップン ou ジッップン : dix minutes 十才　ジュッサイ : dix ans (âge) 二十　ニジュウ : vingt 二十日　はつか : le 20 du mois 十分　ジュウブン : suffisant
	dix		一　十

ヒャク	百		百日 ヒャクニチ : cent jours 百人 ヒャクニン : cent personnes 六百 ロッピャク : six cents 八百 ハッピャク : huit cents
	cent		一 𠂉 厂 仄 百 百

セン	千	ち	千人 センニン : mille personnes 千歳 ちとせ : mille ans (âge) 三千 サンゼン : trois mille 千尋 ちひろ : Chihiro (prénom)
	mille		ノ 二 千

バン マン	万		一万 イチマン : dix mille 万国 バンコク : tous les pays 万一 マンイチ : si par hasard, si jamais 万歳 バンザイ : banzai (10000 ans d'âge)
	dix mille ; tout		一 フ 万

LEXIQUE
FRANÇAIS - JAPONAIS

A

à partir de　から
à propos　ところで
accumuler　ためる
acheter　かう　買う
affairé　いそがしい
Afrique　アフリカ
agréable　たのしい　楽しい
agréablement　たのしく　楽しく
aimer　(が)すきです　好きです
aller　いく　行く
Amérique　アメリカ
ami　ともだち　友だち
anglais (adj)　イギリス(の)
anglais (langue)　えいご　英語
Anglais (pers)　イギリスじん
　イギリス人
Angleterre　イギリス
animal　どうぶつ　動物
animé　にぎやか(な)
août　はちがつ　八月
apeuré　こわい
appeler　よぶ　呼ぶ
après　(の)あと　(の)後、
après cela　そのあとで　その後で、
　あとで　後で
après-midi　ごご　午後
　　cet après-midi　きょうの午後
　今日の午後
arbre　き　木
argent (monnaie)　おかね　お金
arrêter　とめる　止める
　　s'arrêter　とまる　止まる
Asie　アジア
Asie du Sud-Est　とうなんアジア
　東南アジア
attendre　まつ　待つ
au fait　ところで
au moins xx　xxいじょう　以上
aubergine　なす
aujourd'hui　きょう　今日
automne　あき　秋

avant　(の)まえ　(の)前
avec　(と)いっしょ(に)
avril　しがつ　四月

B

banane　バナナ
bande dessinée　まんが　漫画
bâton　ぼう
beau　うつくしい　美しい、
　きれい(な)
beaucoup de　たくさん
bicyclette　じてんしゃ　自転車
bien　よく
biscuit　クッキー
blanc　しろい　白い
bleu marine　こんいろ(の)
bleu　あおい　青い
boire　のむ　飲む
boîte　はこ　箱
bon (au goût)　おいしい
bon　いい (よくない、よかった)
bonjour　こんにちは　今日は
branche　えだ
bref　みじかい
brillant　ぴかぴか(の)
briller　かがやく
brochettes de poulet　やきとり
　焼き鳥
bus　バス

C

cahier　ノート
capable de (être -)　できる
caricature　まんが　漫画
carotte　にんじん
carpe　こい
cartable (à porter sur le dos)
　ランドセル
cartable　かばん
ceci　これ
cela　それ

cerf-volant　たこあげ
cerisier　さくら
c'est pourquoi　だから
changer (v. intransitif)　かわる
changer (v. transitif)　かえる①
chapeau　ぼうし
chaque année　まいとし　毎年
chaque jour　まいにち　毎日
chaque　まい-
chat　ねこ　猫
chaud (agréable)　あたたかい
chaud (étouffant)　あつい
chaussure　くつ　靴
chemin du retour　かえりみち
　帰り道
chemin　みち　道
cheval　うま　馬
chez-soi　うち
chien　いぬ　犬
Chine　ちゅうごく　中国
chinois (adj)　ちゅうごく(の)
　中国(の)
chinois (langue)　ちゅうごくご
　中国語
Chinois (personne)　ちゅうごくじん
　中国人
ciel　そら　空
ciseaux　はさみ
clémentine　みかん
club　クラブ
collectionner　あつめる　集める①
collège　ちゅうがっこう　中学校
collégien　ちゅうがくせい　中学生
commencer (v. intransitif)　はじまる
　始まる
commencer (v. transitif)　はじめる
始める①
comment ?　どう
commun (adj)　ふつう(の)
concombre　きゅうり
congé　やすみ　休み、
　きゅうか　休暇
construire　つくる　作る

contrôle (école)　しけん　試験
coquillage　かい　貝
costume de marin　セーラーふく
côté de l'autre -　むこう　向こう
côté　よこ
couleur　いろ　色
courgette　ズッキニ
courir　はしる　走る
course　きょうそう
court　みじかい　短い
crayon　えんぴつ
cuisine (à manger)　おりょうり
　お料理
cuisine du Nouvel An　おせち料理

D

dans　(の)なか　(の)中
danse　おどり
danser　おどる
danses de la fête des Morts
　ぼんおどり
décembre　じゅうにがつ　十二月
décoration　かざりもの
décorer　かざる
demain　あした
　après-demain　あさって
depuis　から
dérouler (se -)　おこなわれる
　行われる①
derrière　うしろ　後ろ
dessus　うえ　上
devant　まえ　前
devenir　(に)なる
devoir (scolaire)　しゅくだい
dieu　かみ　神
Dieu　かみさま　神様
différent (être -)　ちがう
difficile　むずかしい
dimanche　にちようび　日曜日
directeur (d'école)　がくちょう
　学長
divers　いろいろ(な)　色々(な)

divertir (se -) あそぶ
divinité かみ 神
donc だから
donner (à qcn) あげる 上げる
dos せなか
doux (chaud) あたたかい
doux (moelleux) やわらかい
drapeau はた

E

eau (à boire) おみず お水
eau みず 水
école parallèle じゅく
école primaire しょうがっこう
　小学校
école がっこう 学校
économiser おかねをためる
　お金をためる①
écrire かく 書く
éducation physique たいいく
éducation きょういく
effacer けす 消す
effectivement やはり
effrayé こわい
élève がくせい 学生
endroit (lieu) ところ 所、
　ばしょ 場所
enfant こども 子供
enfants 子供たち
enfiler (pantalon, chaussures) はく
ennui たいくつ
ennuyer (s'-) たいくつする
ensemble いっしょ(に)
ensuite そして
entrainement れんしゅう、
　トレーニング
entrainer (s'-) れんしゅうする、
　トレーニングする
entrée (d'un lieu) いりぐち 入り口
entrée (pièce) げんかん
environ (+heure) heure +ごろ

époque じだい 時代
épinard ほうれんそう
érable japonais (arbre) もみじ
été なつ 夏
étranger (pers) がいこくじん
　外国人
étranger (pays) がいこく 外国
étonné (être -) びっくりする
être debout たつ 立つ
être présent (choses) ある
être présent (êtres vivants) いる
étrennes おとしだま お年玉
étude べんきょう 勉強
étudiant だいがくせい 大学生
étudier べんきょうする
勉強する
Europe ヨーロッパ
examen しけん
excursion えんそく
exercer (s'-) れんしゅうする
exercice れんしゅう
explication せつめい 説明
expliquer せつめいする
　説明する

F

fabriquer つくる 作る
faim (avoir -) おなかがすきました
　おなかがペコペコです(fam.)
faire (fabriquer) つくる 作る
faire する
famille かぞく 家族
fête(trad) まつり
fête (chez des amis) パーティー
fête des Morts おぼん お盆
fête des filles おひなまつり
feu d'artifice はなび 花火
feu ひ 火
feuille (d'arbre) は、はっぱ
février にがつ 二月
fille (/ aux parents) むすめ

fille おんな 女、
fillette おんなのこ 女の子
fils むすこ
fin (nom) おわり
finir (v. intransitif) おわる
finir (v. transitif) おえる
fleur はな 花
fleurir さく
fois (une fois) いちど 一度、
　　いっかい 一回
fort つよい
français (adj) フランス(の)
français (langue) フランスご
　　フランス語
Français (personne) フランスじん
　　フランス人
France フランス
frère (plus âgé) あに 兄
frère (plus jeune) おとうと 弟
froid (au toucher) つめたい 冷たい
froid (impression) さむい
fruit くだもの

G

garçon おとこ 男、
garçonnet おとこのこ 男の子
gâteau (japonais) おかし
gâteau (occidental) ケーキ
ginko (arbre) いっちょうの木
gomme けしゴム
gourmand くいしんぼう
grand おおきい 大きい
grand-mère おばあさん
grand-père おじいさん
groupe グループ
gymnastique たいそう

H

habiter すむ 住む
hier きのう、avant-hier おととい

histoire (historique) れきし
histoire (récit) はなし 話
hiver ふゆ 冬

I

identique (à..) (と)おなじ 同じ
il y a (choses) (が)ある
il y a (êtres vivants) (が)いる①
insecte むし 虫
inspecter しらべる①
instant とき 時
intéressant おもしろい
intérieur なか 中
intervalle あいだ 間

J

janvier いちがつ 一月
Japon にほん 日本
japonais (adj) にほん(の)
　　日本の
japonais (lang) にほんご 日本語
Japonais (personne) にほんじん
　　日本人
jardin public こうえん 公園
jardin にわ 庭
jaune (couleur) きいろ
jaune きいろ(の)、きいろい
je わたし 私
jeu (fait de jouer) あそび
jeu (vidéo etc) ゲーム
jeudi もくようび 木曜日
Jeux Olympiques オリンピック
job アルバイト、バイト
joli きれい(な)
joliment きれいに
jouer あそぶ
jour ひ 日、
　　chaque jour まいにち 毎日
　　ce jour-là そのひ その日
Jour de l'An おしょうがつ
　　お正月

jour férié きゅうじつ 休日
journée いちにち 一日
juillet しちがつ 七月
juin ろくがつ 六月
jusqu'à まで

K

kilomètre キロメートル、キロ
kimono きもの 着物

L

là-bas あそこ、あちら
lanterne en papier ちょうちん
laver あらう 洗う
légume やさい、
marchand de- やおやさん
lequel ? どれ
lever (se -) おきる①
librairie ほんや 本屋
lieu touristique かんこうち
lieu ところ 所、ばしょ 場所
lire よむ 読む
livre ほん 本
long ながい 長い
lundi げつようび 月曜日
lycée こうこう 高校
lycéen こうこうせい 高校生

M

magnifique すばらしい
mai ごがつ 五月
maintenant いま 今
mais しかし、だが
maison (bâtiment) いえ 家
maison (foyer) うち 家
malade びょうき 病気(な)
malgré cela それでも
manger たべる 食べる①
mardi かようび 火曜日
mars さんがつ 三月
match しあい
matin (ce -) けさ 今朝
matin あさ 朝

médecin いしゃ
melon メロン
mer うみ 海
merci ありがとう(ございます)
mercredi すいようび 水曜日
mère (ma -) はは 母
mère おかあさん お母さん
merveilleux すばらしい
métro ちかてつ 地下鉄
mettre dans (に)いれる
 (に)入れる①
mettre sur (に)のせる①
mettre sur la tête かぶせる①
mettre un vêtement きる 着る①
midi おひる、
 ce midi きょうのおひる
mignon かわいい
moi わたし 私
moment とき 時
montagne やま 山
monter (dans un véhicule) (に)のる
monter (faire -) のせる①
monter (v. intransitif) あがる
 上がる
montrer みせる 見せる①
mort (nom) しんだひと
 しんだ人

N

nationalité こくせき
 de quelle -nat なにじん 何人
nature (nom) しぜん
ne ... plus もう + nég.
ne ... que しか + nég.
neige ゆき 雪
neiger ゆきがふる 雪が降る
nettoyer きれいにする
neuf あたらしい 新しい
noir くろい 黒い
nom なまえ 名前
nombreux おおい 多い
 (多くの+ nom)
non いいえ

nous わたしたち 私たち
nouveau あたらしい 新しい
Nouvel An おしょうがつ お正月
novembre じゅういちがつ 十一月
nuit よる 夜

O

occupé いそがしい
octobre じゅうがつ 十月
oignon たまねぎ
oiseau ことり 小鳥
oncle おじさん
orange オレンジ
ordinaire ふつう(の)
ordonné きれい(な)
ôter (un vêtement) ぬぐ
ou bien あるいは、また
où ? どこ
oui はい
ours くま

P

pantoufle スリッパー
papier de couleur いろがみ 色紙
papier かみ 紙
parc こうえん
pareil (à ...) (と) おなじ 同じ
parfois ときどき 時々
pas très あまり+ nég
passer (se -) おこなわれる
　行われる①
patate douce さといも
payer はらう 払う
pays étranger がいこく 外国
pays くに 国
pêche もも 桃
penser おもう 思う
peu すこし 少し
peur (avoir -) (が)こわい
photographie しゃしん 写真
pierre いし 石

pique-nique ピクニック、
　おべんとう (repas)
piscine プール
père (mon -) ちち 父
père おとうさん お父さん
personne (nom) ひと 人
petit (sens subjectif) ちいさ(な)
　小さ(な)
petit ちいさい 小さい
plaisir (prendre du - ...à)
　(を)たのしむ 楽しむ
pleuvoir あめがふる 雨がふる
pluie あめ 雨
plusieurs いくつか(の)
plusieurs heures なんじかんか
　何時間か
plusieurs jours なんにちか
　何日か
plusieurs personnes なんにんか
　何人か
poire なし
poireau ねぎ
poisson さかな 魚
pomme de terre じゃがいも
pomme りんご
poser おく
posséder もつ 持つ
poupée de la fête des petites
　filles おひなさま
poupée おにんぎょう お人形
pour (の)ため
pourquoi ? どうして、なぜ
pouvoir できる
précoce はやい 早い
prendre とる 取る
prestation (artistique ou sportive)
　えんぎ
printemps はる 春
proche ちかい 近い
professeur せんせい 先生
propre きれい(な); せいけつ(な)
prune うめ

prunier　うめのき　うめの木

Q
quand?　いつ
quartier (ville)　きんじょ　近所
que?　なに　何、なん　何
quelque part　どこか
qui?　だれ
quoi?　なに　何

R
raisin　ぶどう
rapide　はやい　速い
rapidement　はやく　速く
rassembler　あつめる　集める①
recevoir　もらう
reconnaissance　かんしゃ
réjouir (se -)　よろこぶ
remercier　かんしゃする
rencontre sportive　うんどうかい
rentrer chez soi　かえる　帰る
repas　しょくじ　食事
repiquage du riz　たうえ
repos　やすみ　休み
rester　のこる
réunion sportive　うんどうかい
réunion　かいぎ
réunir (se -)　あつまる　集まる
réunir　あつめる　集める①
revenir　もどる
rivière　かわ　川
rose　ピンク
rouge　あかい　赤い
rouler (pour un véhicule)　はしる
rue　みち　道

S
saison　きせつ
salade　サラダ
salle de classe　きょうしつ
salle　へや
saluer　あいさつする
salutation　あいさつ
samedi　どようび　土曜日

sanctuaire shintoïste　じんじゃ　神社
sans encombre　ぶじに
savourer (un moment)　たのしむ　楽しむ
semaine (durée)　しゅうかん
Semaine d'Or　ゴールデン・ウィーク
semaine　しゅう　週
semblable (à...)　(と) おなじ
septembre　くがつ　九月
serviette (porte document)　かばん
seulement　だけ、しか + nég.
singe　さる
ski　スキー
sœur (plus agée)　あね　姉
sœur (plus jeune)　いもうと　妹
soir　ばん　晩
ce soir　こんばん　今晩
source chaude　おんせん
source　いずみ
souris　ねずみ
sous　(の)した　(の)下
souvent　よく
sport　スポーツ
stylo bille　ボールペン
suffisant　じゅうぶん(な)　十分(な)
sur　(の)うえ　(の)上

T
tante　おばさん
tardif　おそい
temps (de - en -)　ときどき　時々
temps (temporel)　とき　時;　じかん　時間
temps (climat)　おてんき　お天気
tenir (dans la main)　もつ　持つ
terminer (se -)　おわる
terminer　おえる
terrible　たいへん(な)
tomate　トマト
tomber (d'une hauteur)　おちる　落ちる
tomber (à la renverse)　ころぶ

tomber (précipitations)　ふる
tôt　はやく　早く
toujours　いつも
tourisme　かんこう
touriste　かんこうきゃく
tous + nom　すべて(の)
tous les jours　まいにち　毎日
tous　みんな、すべて
tout　ぜんぶ　全部、
　en tout　全部で
tout le monde　みんな、すべての人
toutefois　それでも
toutes sortes de　いろいろ(な)
　色々(な)
train　でんしゃ　電車
train express　れっしゃ　列車
train super rapide　しんかんせん
transporter　はこぶ
travail　しごと　仕事
traverser　わたる
très　とても
trouver　みつける　見つける①
se trouver　(に)ある / いる
tu　あなた
typhon　たいふう　台風

U

un peu　すこし　少し
une fois　いちど　一度
　par an　いちねんにいちど
　　一年に一度
　par jour　いちにちにいっかい
　　一日に一回
　par mois　つきにいっかい
　　月に一回
　par semaine　しゅうにいっかい
　　週に一回
uniforme (nom)　せいふく
université　だいがく　大学

V

vacances　やすみ　休み
varié　いろいろ(な)　色々(な)
véhicule　くるま　車
vélo　じてんしゃ　自転車
vélomoteur　バイク
vendredi　きんようび　金曜日
venir　くる　来る　(きます)
vent　かぜ　風
ventilateur　せんぷうき
ventre　おなか
vérifier　しらべる①
vert　みどり(の)
vêtement　ふく　服
vie (active)　せいかつ
vieux　ふるい　古い
vite　はやく　速く
voir　みる　見る
voisin (adj)　となり(の)
voisin (personne)　となりのひと
　となりの人
voisinage　きんじょ　近所
voiture　くるま　車
volcan　かざん　火山
vous　あなた(sing.)
　あなたたち(pl.)
voyage　りょこう
voyage à l'étranger　がいこく
　りょこう　外国りょこう
voyage scolaire　しゅうがく
　りょこう　修学旅行

Y

Yukata　ゆかた

LEXIQUE
JAPONAIS - FRANÇAIS

あ

あいさつ salutation
アイスクリーム glace, crème glacée
あいだ espace ; entre ; pendant
あう (に) rencontrer (qn)
あおい bleu
あかい rouge
あがる monter sur (v. int)
あかるい clair, lumineux
あき automne
あくび baillement
あける ouvrir (v.t.)
あげる donner (inf vers sup)
あさ matin
あさごはん petit déjeuner
あした demain
あそぶ jouer, s'amuser
あたたかい doux, chaud
あたま tête
あたらしい nouveau; neuf
あたり environs, alentours
あちら là-bas, par là-bas
あつい chaud, brûlant
あつまる se réunir, se rassembler (v.int)
あつめる réunir, rassembler (v.t.)
あと après
あとで après cela
あな trou
あなた vous; tu, toi
あに grand-frère
あね grande sœur
あの + nom ce, cette ... là-bas
あふれる déborder
あまい doux, sucré
あまり + nég pas très
あめ pluie
アメリカ Etats-Unis, Amérique
あらう laver
ありがとう merci
ある (présence d'un objet) il y a, se trouver
ある + nom un certain + nom
あるいは ou bien
あるく marcher
アルバイト petit boulot
あれ (pronom) ça là-bas
アンテナ antenne

い

いい bon (よくありません)
いいえ non
いいおてんき beau temps
いう dire
いえ maison, bâtiment
イギリス Grande-Bretagne
イギリスじん Britannique (pers)
いきる vivre, être en vie
いく aller
いくつ combien
いけ étang, mare
いしゃ médecin
いじょう au moins, au-dessus de
いそがしい occupé, affairé
いたい douloureux
いたずら bêtise, blague
いちがつ janvier
いちご fraise
いちにち une journée
いちばん premier, + qual le plus + adj
いちょう gingko (arbre)
いつ quand
いつか un jour
いっかい une fois ; rez-de-chaussée
いっしゅうかん une semaine (durée)
いっしょ (と)... ensemble, avec
いっしょうけんめい assidûment
いっぱい beaucoup ; un (verre, récipient)
いつも toujours
いなか campagne
いぬ chien
いま maintenant
いもうと petite sœur
いや qui déplait
いる (être vivant) il y a, se trouver
いれる (に) mettre (dans)
いろ couleur
いろいろ (な) toutes sortes de, varié
いろがみ papier de couleur

う

ヴァイオリン violon
ウィーン Vienne
うえ dessus ; sur
ウォークマン walkman
うしろ arrière; derrière
うそ mensonge
うそつき menteur
うたう chanter
うち maison (foyer)
うちべんけい timide au dehors, terrible à la maison
うつくしい beau
うで bras
うまれ natif
うまれる naître
うみ mer
うめ prune; prunier
うる vendre
うれしい content, joyeux
うんどうかい réunion sportive scolaire
うんめい destin

え

えいが film ; cinéma
えいご anglais (langue)
えき gare
えだ branche
えらぶ choisir
エレベーター ascenseur
えんぎ prestation artistique
えんそく excursion
えんぴつ crayon à papier

お

おいくつ quel âge?
おいしい bon au goût
おいわい fait de fêter qch
おうち chez vous, votre maison
おおい nombreux (おおくの+nom)
おおきい grand
おかあさん mère (respectueux)
おかえり parole de bienvenue à celui qui rentre à la maison
おかし gâteau (de style japonais)
おかず plat principal accompagnant le riz
おかね argent, monnaie
おきる se lever
おこなわれる se dérouler
おさけ sake; alcool
おじいさん grand-père
おしえる enseigner ; renseigner
おじさん oncle
おしょうがつ Jour de l'An
おせちりょうり cuisine du Nouvel An
おそい tardif ; lent
おそうじ ménage, nettoyage
おそく tard ; en retard
おちる tomber (chute à pic)
おとうさん père (respectueux)
おとうと petit frère
おとこ garçon
おとしだま étrennes
おとな adulte
おどる danser
おなか ventre
おなじ (と ...) pareil, semblable (à...)
おに démon, monstre
おにいさん grand frère (respectueux)
おにごっこをする jouer à se faire peur
おねえさん grande sœur (respectueux)
おばさん tante
おひなさま poupée de la fête des petites filles
おひなまつり fête des petites filles
おひゃくしょう paysan
おひる midi

おべんとう bentô, pique-nique japonais
おぼん o-bon, fête des morts
おみやまいり visite au santuaire
おもう penser (と)....
おもしろい intéressant
およぐ nager
オリンピック jeux Olympiques
おわり fin
おわる se terminer (v.int)
おんがく musique
おんせん thermes, source chaude
おんな fille

か

かい coquillage
がいこく pays étranger
がいこくりょこう voyage à l'étranger
かう acheter
かえりみち chemin du retour
かえる rentrer chez soi
かく écrire
がくせい étudiant, élève
がくちょう directeur d'école
かざる décorer (v.t.)
かす prêter
かぞく famille
かつ gagner (に) ...
がっこう école
かなしい triste
かばん cartable, serviette
かぶ pied d'une plante ; navet
かぶる mettre sur sa tête
かべ mur
かみ divinité ; Dieu
かみのけ cheveu
カメラ appareil photo
かようび mardi
から depuis (particule)
からすうり sorte de melon
からだ corps
かりる emprunter
かわいい mignon
かわべり bord de la rivière
かわる changer (v.int.)
かんがえる réfléchir
かんこう tourisme
かんこうち lieu touristique, lieu de villégiature
かんしゃ reconnaissance
かんしゃする remercier

き

き arbre
きいろ jaune (nom)
きく écouter ; demander, poser une question
キス baiser, bisou
きせつ saison

きって timbre
きつね renard
きっぷ ticket, billet
きのう hier
きみ tu (familier)
きもの kimono
きゅうり concombre
きょう aujourd'hui
きょうかしょ manuel scolaire
きょうしつ salle de classe
きょうそう compétition, course
きゅうに soudain, brusquement
きょねん l'an dernier
きる ① mettre un vêtement ; ④ couper
きれい joli
キロ kilomètre ; kilogramme
きんぎょ poisson rouge
きんじょ voisinage, quartier
きんようび vendredi

く

くいしんぼう gourmand (nom)
くうき air
ぐうぜん hasard
くがつ septembre
くつ chaussure
くに pays
くみたいそう gymnastique de groupe
ぐらい (indic. Chiffrée + ...) à peu près, environ
クラブ club
クリスマス Noël
くる venir (きます)
グループ groupe
くるま voiture
くろい noir

け

ケーキ gâteau (de style occidental)
けさ ce matin
けしゴム gomme
けっか résultat
けっこん mariage
げつようび lundi
けむし chenille
けんか dispute
げんかん entrée, hall d'entrée

こ

こいのぼり koinobori (mat avec des carpes)
こうえん parc, jardin public
こうこう lycée
こえ voix
ゴールデン・ウィーク semaine d'or (29/04.-5/05
ごがつ mai
ごご après-midi
ここのか le 9 du mois
こす dépasser
こたえる répondre

こちら de ce côté-ci, par ici
ことし cette année
ことば parole ; langage
こども enfant
ことり petit oiseau
この (+ nom) ce, cette
ごはん repas (riz cuît)
これ(pronom) ceci
こわい effrayant
こんいろ bleu marine (nom)
こんにちは bonjour!

さ

さかな poisson
さく fleurir, s'épanouir
さくら cerisier
さけぶ crier
さっか écrivain
サッカー football
さむい froid (j'ai froid, il fait froid)
サラダ salade composée
さんがつ mars
さんぽ promenade

し

しあい match
ジェットコースター montagnes russes
しか + nég ne ... que
しかし mais
しがつ avril
じかん heure, temps, durée
しげる foisonner
しけん text, examen, contrôle
しごと travail
しずか calme, tranquille
しずく gouttellette
しぜん Nature
した dessous ; sous
しだ fougère
じだい époque
しちがつ juillet
しちごさん fête des enfants de 7, 5 et 3 ans
じてんしゃ vélo
しぬ mourir
しゃがむ s'accroupir
しゃこ garage, parking couvert
しゃしん photo
シャワー douche
シャワーをあびる se doucher
じゅういちがつ novembre
しゅうがくりょこう voyage scolaire
じゅうがつ octobre
ジュース jus de fruits
じゅうどう judo
じゅうにがつ décembre
じゅうぶん suffisant
じゅく école parallèle

しゅくじつ jour férié
しゅくだい devoir à la maison
しょうがくせい écolier
しょうがっこう école primaire
じょうず doué, bon
しょくじ repas
しらべる vérifier, examiner
しろ château
しろい blanc
じんじゃ sanctuaire shintoïste
しんせつ gentil

す
すいようび mercredi
スウェーデン Suède
すうがく mathématiques
スーツ costume
スープ soupe
スカート jupe
スキー ski
すきです aimer
すくない peu nombreux
スケート skate ; patin
すこし un peu
すすき herbe de la pampa
すずしい frais, pas chaud
すばらしい merveilleux, splendide
すべて tout, tous
スポーツ sport
すむ habiter
すもうをとる lutter, faire du sumo
スリッパー pantoufle
する faire (します)
すわる s'asseoir

せ
せいかつ vie (active)
せいと élève
せいふく uniforme (nom)
セーター pull
セーラーふく uniforme de marin
せおう porter sur le dos
せつめい explication
せつめいする expliquer
せともの céramique, vaisselle
せまい étroit
せんせい professeur, maître
せんたくき machine à laver
ぜんぶ tout, totalité
せんぷうき ventilateur

そ
そして ensuite, et puis
そちら de ce côté-là, par là
そと dehors, extérieur
その(+ nom) ce...là
そば soba (nouilles de sarrasin)
ソフト logiciel

そら ciel
それ (pronom) cela
それでも malgré cela

た
たいいく culture physique
たいいくかん gymnase
だいがくせい étudiant d'université
たいくつ ennui
だいじん ministre
たいそう gymnastique
だいどころ cuisine (pièce)
たいふう typhon
たいへん terrible
たうえ repiquage du riz
タオル serviette de toilette
たかい cher; élevé, haut
だから donc
たくさん beaucoup
たけうま échasse
たこあげ cerf-volant
だす sortir (v. t.)
ただいま parole dite en rentrant à la maison
たつ se tenir debout ; se lever
たなばた Tanabata, fête des étoiles
たのしい agréable
たのしむ (を) prendre plaisir à
たのむ demander, requérir
たべる manger
ため pour
ためる accumuler, économiser
だれ qui ?
だれか quelqu'un
たんじょうび anniversaire

ち
ちいさい petit
ちいさ(な) petit
チーム équipe
チェロ violoncelle
ちかい proche
ちがう être différent, différer de
ちかく(の) proche
ちかてつ métro
ちきゅう terre, planète terre
ちぎる déchiqueter
ちち père (modeste)
ちびすけ de petite taille, petiot
ちほう région
ちゅうがくせい collégien
ちゅうがっこう collège
ちゅうごく Chine
ちゅうごくご chinois (langue)
ちゅうごくじん Chinois (pers.)
ちょうちょう papillon
ちょうちん lanterne

141

ちょっと un peu	なれる(に) s'habituer (à)
	なん quoi?

つ

ついたち le 1er du mois	なんかいか un certain nombre de fois, quelques fois
つかる se plonger dans	なんがつ quel mois ?
つくる faire, fabriquer	なんさい quel âge ?
つつみ digue, levée	なんじ quelle heure ?
つみき cube en bois	なんにち quel jour du mois ?
つむ empiler	なんにんか quelques personnes
つる pêcher	なんようび quel jour de la semaine ?

て

てがみ lettre
できる pouvoir faire
テニス tennis
テレビ télévision
てんき temps (qu'il fait)
でんしゃ train (électrique)

に

にがつ février
にぎやか animé
にく viande
にごる se troubler (eau)
にちようび dimanche
にほん Japon
にほんご japonais (langue)
にほんじん Japonais (pers.)
にもつ bagage
にわ jardin

と

どう comment ?
どうぶつ animal
とおい lointain
とおか le 10 du mois
とおり avenue
とおる(を) passer (par)
とき temps, moment
ときどき de temps en temps
どこ où?
どこか quelque part
ところ endroit, lieu
ところで à propos
どちら de quel côté ?
となり voisin (nom)
どの quel?
とのさま seigneur
トマト tomate
とまる s'arrêter
ともだち ami
どようび samedi
とる prendre
どれ lequel?
ドレス robe
とんぼ libellule

ぬ

ぬかるみ bourbier
ぬぐ ôter un vêtement

ね

ねがう souhaiter
ねこ chat
ねつ fièvre
ねむる dormir
ねる se coucher; être couché

の

ノート cahier
のこる rester
のせる monter qch sur
のむ boire
のる(に) monter (dans un véhicule)

は

パーティ fête, boum
はい oui
はいいろ gris (nom)
バイク moto
はいでる sortir à 4 pattes
バイト petit boulot
パイナップル ananas
はか tombe
はぎ herbe des bords de rivière
はく enfiler (pantalon, chaussure)
はこ boîte
はごいた raquettes du Nouvel An
はこぶ transporter
はさみ ciseaux
はじまる commencer (v.int.)
はしる courir; rouler (véhicule)
バス bus

な

なか intérieur ; dans
ながい long
なかま compagnon
なく pleurer
なつ été
なに quoi ?
なにじん de quelle nationalité ?
なのか le 7 du mois
なまえ nom, prénom
なめる lêcher
ならう apprendre
ならぶ s'aligner
なる devenir

はた drapeau	へん bizarre
はたけ champs	べんきょうする étudier
はちがつ août	べんり pratique
はっぱ feuille d'arbre	**ほ**
はっぴょうする exposer	ほ l'épi
はな fleur	ほう direction, sens
はなし histoire	ぼうし chapeau
はなび feu d'artifice	ボール balle; ballon
はなれる (を)séloigner de	ボールペン stylo bille
はは mère (modeste)	ぼく je (familier, masculin)
はやい rapide	ポケット poche
はやく vite; tôt	ほっとする être soulagé
ばら rose (fleur)	ほる creuser
はらう payer	ほん livre
はる printemps	ぼんおどり danse de o-bon
はれる être dégagé (temps)	ほんだな étagère pour les livres
はん demie (heure)	ほんや librairie
パン pain	**ま**
ひ	まいとし tous les ans
ぴかぴか (onomatopée) étincelant	まいにち tous les jours
ひかる briller, étinceler	まえ devant; avant (nom)
ひくい bas	まだ encore
ひそひそばなし secret	まち ville
ひっぱる tirer, étirer qch	まつ attendre
ひと personne, individu	まっくろけ tout noir
ひとり une personne	まっしろ tout blanc
ひとりぼっち tout seul, solitaire	まつり fête (institutionalisée)
ひびく résonner	まで jusqu'à
びょうき malade	まど fenêtre
ひろい large, vaste, spacieux	まなぶ apprendre
ピンク rose (nom)	まねする imiter
ふ	ままごと dînette
ファイル fichier (info)	まるい rond
フィギュアー figure (artistique)	まわる tourner
ブーツ botte	まんが BD, manga
プール piscine	**み**
フェアー foire	み fruit
フォーク fourchette	みえる apparaître, se voir
ふく vêtement	みじかい court
ふく essuyer	みず eau
ぶじに sain et sauf, sans encombre	みずぎ maillot de bain
ふたり deux personnes	みせ boutique, magasin
ふつう normal (nom)	みせる montrer
ふつか le 2 du mois	みち chemin
ふゆ hiver	みっか le 3 du mois
フランス France	みつめあう se regarder mutuellement
フランスご français (langue)	みつめる regarder fixement, observer
フランスじん Français (pers.)	みどり vert (nom)
ふる tomber (précipitations)	みらい avenir, futur
ふるい vieux, ancien	みる regarder
ふろば bain, salle de bains	ミルクティー thé au lait
へ	みんな tous
ぺこぺこ (onomatopée) vide, qui sonne creux	**む**
へや pièce de la maison, chambre	むいか le 6 du mois

むかし autrefois
むける (に) se tourner vers
むこう de l'autre côté
むし insecte
むずかしい difficile
むら village

め

め œil
めいじじだい époque Meiji (1868-1913)
メロン melon

も

もう déjà ; + nég : ne plus
もくようび jeudi
もず pie-grièche
もちあげる soulever
もちろん bien sûr
もつ tenir ; posséder
もどる retourner, revenir sur ses pas
もまれる être brassé
もみじ érable japonais
もらう recevoir

や

やおやさん marchand de légumes
やがて en fin de compte
やきとり yakitori (brochettes de poulet)
やきゅう base-ball
やぐるま roue dorée (koinobori)
やさい légume
やさしい gentil, sage ; facile
やすい bon marché
やすみ congé, vacances, repos
やすむ se reposer
やっぱり effectivement (parlé)
やね toit
やはり effectivement
やま montagne

ゆ

ゆうしょく dîner
ゆうめい célèbre
ゆかた yukata, kimono d'été
ゆき neige

よ

ようか le 8 du mois
ヨーグルト yaourt
ヨーロッパ Europe
よく bien; souvent
よっか le 4 du mois
よぶ appeler; inviter
よむ lire
よりかかる se pendre (par les pieds)
よる nuit
よろこぶ se réjouir
よわむし faiblard, mauviette

ら

ランドセル cartable porté sur le dos
らんぼう violent, brutal

り

リュックサック sac à dos
りょうり cuisine (plat)
りょこう voyage
りんご pomme

れ

れいぞうこ réfrigérateur
れきし Histoire
レストラン restaurant
れんしゅう exercice, entrainement

ろ

ろくがつ juin
ろくぼく espallier

わ

わかる(が) comprendre, saisir (qch)
わすれる oublier
わたし je, moi
わたる traverser
わらぶきやね toit de chaume
ワンピース robe

TABLE DES MATIERES

- Présentation des hiragana et des règles d'orthographe 3
- Leçons

Leçon 1 :

 📖 Texte 1...6

 ✒ Vocabulaire texte 1 7

 ✏ Structures 8
  → notion de forme conclusive, polie, a-temporelle ; la structure de base は ... です : affirmation ; interrogation
  → nationalité
  → l'utilisation des particules fonctionnelles は et の
  → notion d'honorifique

 ✏ Lexique :
  - présentations succinctes
  - noms de pays
  - profession
  - transcription des noms non-japonais : adoption d'un système de transcription provisoire utilisant les hiragana surmontés de points là où les katakana devraient être employés.
   イギリス → いぎりす

 ✏ Exercices 1..12

 Vocabulaire exercices 1 13

Leçon 2 :

 📖 Texte 2 : くるま..14

 ✒ Vocabulaire texte 2..15

 ✏ Structures 16
  → l'utilisation des particules fonctionnelles : と が に
  → le verbe : あります

→ l'utilisation de -すきです。
→ la négation de です
→ les mots qualificatifs ou mots de qualité : les mots qualificatifs variables
→ les démonstratifs

✏ Lexique :
- quelques qualificatifs et leur contraire
- la voiture
- les jours de la semaine

✏ Exercices 2 21

Leçon 3 :
Tableau des katakana 23
Règles d'utilisation des katakana 24

📖 Texte 3 : はるとなつとあきとふゆはきせつです...............25

🖋 Vocabulaire texte 3 26

✏ Structures 27
→ Notions générales sur les mots verbaux
→ Les particules fonctionnelles : も

✏ Lexique
- les saisons, le temps qu'il fait
- la nature
- développement des verbes

✏ Exercices 31

Leçon 4 :

📖 Texte 4 : にほんのがっこう
→ しょうがっこう 33
→ ちゅうがっこう 34

🖋 Vocabulaire texte 4 35

✏ Structures 36

→ les particules fonctionnelles : を に(déplacement) から や で (lieu de l'action)
→ les mots qualificatifs invariables
→ la forme adverbiale des mots de qualité
→ la manière de dire la date
→ comment demander l'âge et le donner

✏ Lexique
 - l'école : l'école primaire et le collège (activités, vêtements,...)
 - そして et しかし

✏ Exercices ………………………………………………………….……….43

Leçon 5 :

📖 Texte 5 : 四月のえんそく……………………………………....45

✎ Vocabulaire texte 5 ……………………………………………46

✏ Structures …………………………………………………….47
 → les verbes : la forme perfective polie
 → les mots qualificatifs : forme perfective négative conclusive (m.q. variables et invariables)
 → la forme adverbiale du qualificatif
    - cas particulier : la construction mq + なる
 → les particules fonctionnelles : まで
 → l'heure

✏ Lexique
 - l'excursion : voyage, pique-nique, ...
 - la mer
 - l'heure : kanji utilisés dans l'énoncé de l'heure
 - les remerciements

✏ Exercices ……………………………………………………….52

Leçon 6 :

📖 Texte 6 : 日本のまつり [その一] …………………..…..54

147

- Vocabulaire texte 6 55

✏ Structures 56
    → les mots verbaux : la forme en -て, forme suspensive et forme durative
    → les particules fonctionnelles : で (instrumental)
    → l'expression de la cause : から

✏ Lexique
    - les fêtes : お正月　ひなまつり　子どもの日
    - les membres de la famille

✏ Exercices 60

Leçon 7 :

📖 Texte 7 : 日本のまつり　[その二] 62

- Vocabulaire texte 7 63

✏ Structures 64
    → les mots qualificatifs : forme suspensive
    → l'impératif en -てください
    → l'utilisation de する avec un mot qualificatif en forme adverbiale
    → les particules finales　よ et ね

✏ Lexique
    - les fêtes : 七夕　おぼん　七五三

✏ Exercices 68

Leçon 8 :

📖 Texte 8 : 学校のスポーツまつり　(うんどうかい)..............70

- Vocabulaire texte 8 71

✏ Structures 72
    → le verbe : forme négative neutre et forme perfective neutre

→ le mot qualificatif : forme négative neutre
→ la nuance explicative -のです
→ l'utilisation de こちら そちら

✐ Lexique
 - la fête du sport : jeux olympiques, sports
 - les parties du vêtement utilisation de 着る et はく

✐ Exercices ………………………………………………………..……80

Leçon 9 :

📖 Texte 9 : 食べましょうよ ……………………………………..82

🕭 Vocabulaire texte 9 ……………………………………………83

✐ Structures ………………………………………………………..84
 → le verbe : l'aspect conjectural et la notion d'apparence
 → le mot qualificatif : la forme perfective en -かった et la notion d'apparence
 → les spécificatifs numéraux 本 冊 枚 個 円
 → la structure de limitation : しか + négation

✐ Lexique
 - la cuisine : légumes, plats..
 - avoir faim et manger
 - faire des courses : additionner et payer
 - もう + affirmation

✐ Exercices ………………………………………………………..…91

Leçon 10 :

📖 Texte 10 : 日本人の休み ……………………………………..94

🕭 Vocabulaire texte 10 ……………………………………………95

✐ Structures ……………………………………………………… ……96
 → la proposition déterminante
 → les emplois de と

→ la notion de distance + ところ
→ l'interrogatif + か : どこか 何人か 何回か

✎ Lexique
　- les vacances, les voyages
　- l'Europe et le Japon

✎ Exercices ……………………………………………………102

Textes complémentaires

　Texte complémentaire 1 : 『ごんぎつね』　新美南吉…………106

　Texte complémentaire 2 : 『ひとり、ふたり、さんにん』
　　　　　　　　　　　　　　谷川俊太郎 ………………108

　Texte complémentaire 3 : 『あくび』　谷川 俊太郎 …………110

　Texte complémentaire 4 : 「子どものはなし」
　　　　　　　『ねことかたな』 関英雄 ……………………111

Cours de kanji ………………………………………………113
　→ kanji : leçon 1 à 10
　→ les nombres

Lexique français-japonais ………………………………127-135

Lexique japonais-français ………………………………137-144

Achevé d'imprimer en novembre 2003
sur les presses de Normandie Roto Impression s.a.s.
à Lonrai (Orne)
N° d'imprimeur : 032876
Dépôt légal : décembre 2003

Imprimé en France